華志文化

華志文化

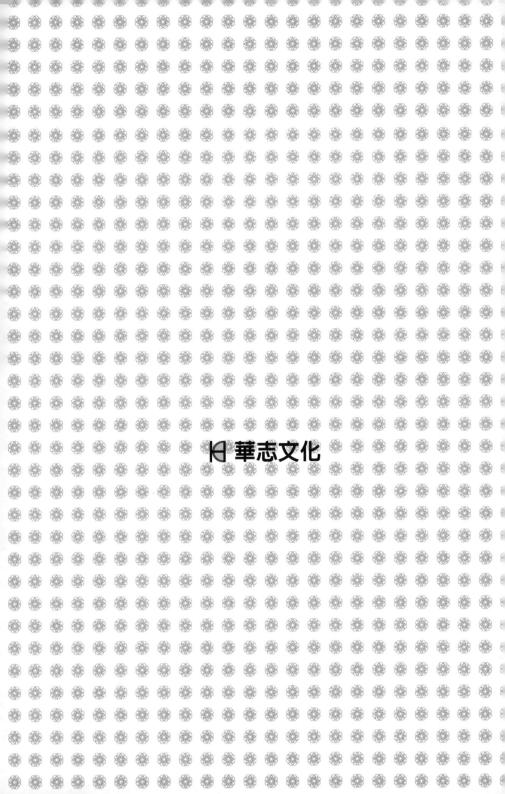

陳瑋◎編著

自然心藥

幸福人生的心靈處方

這個世界是由思想所創造出來的，
一切的問題都能從內在找到答案。

人類深層意識的作用就像是一座生命資料庫，
這個無形的驅動程式時時刻刻都在牽引我們，
它總是讓人不由自主產生煩惱、憂慮與痛苦；
雖然如此，每個人與生俱來也都擁有一種無價的寶藏——心靈。
你、我內在都有一個沉睡的靈性，隱藏著超乎你能想像的力量！
從認識、喚醒到開啟它，你將展現另一個完整的自己。

真正的快樂不是來自外來的刺激，而是內在的滿足。
真正的健康不是依靠營養的補及，而是身心的和諧。
真正的智慧不是經由知識的學習，而是靈性的展現。

前言

在一個科技如此進化的世界，人們怎麼越來越繁忙？就現代物質生活來說，相較於人類的祖先，應該可以說是不虞匱乏，為什麼覺得幸福的人卻越來越少？

許多人為了賺更多的錢，過更好的生活，已經身陷勞碌的泥沼，讓自己彷彿置身於壓力鍋，根本過得不快樂，身體也逐漸失去了健康，哪裡來的生活品質！對現代人而言，擁有悠閒自在的生活幾乎是一種奢侈的夢想，原因出在哪裡？

由於，我們生命的驅動程式，已經設定成以自我和競爭為中心的思維模式，把人生當成一場競賽。小時候比誰長得高、比誰功課好；長大之後，比車子房子、比財富地位，生活好像在行走江湖，隨時準備與人一較高下。

我們被這個社會價值觀所恐嚇，不進步將被淘汰，不夠快速會被打敗。為了成為贏家及擔心失敗，每天過著緊張的節奏，忙得團團轉，不斷的快跑，問題是跑的方向對嗎？

其實，在我們起跑的當下，就等於捨棄了快樂！我們一直往外尋找快樂，這是在緣木求魚，方向如果不對永遠不可能達到目的。外在的金錢、權力、名望、美貌等等，這些只會帶給人們短暫的開心，真正的快樂是一種精神的滿足，而幸福則來自於內心的安寧。

很多人總覺得趁著年輕，為了功成名就，犧牲個幾年時間沒關係，等到成功再來享受甜美的果實，可是欲望的世界是個無底洞，物質上的追求是永無止境的！

在一個遙遠的國度，有兩位非常出色的雕塑家，他們的工藝不分上下。有一天，這裡的國王突發奇想：「我想知道哪一個才是最厲害的雕塑家？不如就來舉辦一場比賽，然後將勝者封為天下第一雕。」

接著國王把兩位雕塑家找來，請他們各自雕塑一隻老鼠，限時三天，看誰做的老鼠最逼真，不但可以得到冊封，還可以獲得一塊土地。

這三天裡，第一位雕塑家，日以繼夜、不眠不休地工作，到了第三天幾乎快累倒；第二位雕塑家卻跟往常的生活一樣，一派輕鬆地喝著茶，似乎不在乎這場競賽。

很快的，三天時間到了，他們分別獻出作品，國王把大臣全部找來一起當評審。

第一位雕塑家的老鼠，栩栩如生、纖毫畢現，精緻到連老鼠的鬍鬚都會抖動；第二位雕塑家的作品則是有老鼠的神態，卻沒有老鼠的形貌，遠看勉強是一隻老鼠，近看則只有三分像。

當下，勝負立刻分明，國王和大臣都一致認為第一位雕塑家獲勝。此時，第二位雕塑家跟國王表示有點意見，他說：「大王的評審不公正。」

國王問：「怎麼說呢？」

雕塑家說：「要決定一隻老鼠是不是老鼠，應該由貓來判斷，貓看老鼠的眼光比人還正確呀！」

國王想一想覺得有道理，於是就吩咐人到後宮帶來幾隻貓，讓貓來決定哪一隻老鼠比較逼真。

沒想到，幾隻貓一放下，都不約而同地撲向那隻看起來並不像老鼠的「老鼠」，使勁的咬、啃、搶、奪，而那隻栩栩如生的老鼠完全被冷落了。

事實擺在眼前，國王只好把「天下第一雕」名號冊封給了這個雕塑家。

事後，國王把他找來，問說：「你究竟是用什麼方法，讓貓也以為你塑造的是老鼠呢？」

雕塑家說：「大王，這很簡單，我只不過是用魚骨刻了隻老鼠罷了！貓在乎的根本不是像不像，而是那味道呀！」

我們每一天都在雕塑自己的人生之作，**幸福美滿的關鍵，並不是聰明才智，而是生活的智慧**。多數人都像第一位雕塑家，在打造作品的同時，反而犧牲了過程中的樂趣。

生命的重心不只在於追求外在的物質世界，而且要豐富內在的精神世界；忙碌的你！何妨停下來思考一下，是否應該將努力的方向調整一下。雖然，每一個人的生命價值都是獨特的，但是希望生活幸福這一點卻是共通的。

事實上，人生要尋找的答案早已深藏在生命裡，任何人都無須外求，我們只要去探索生命的本質，自然就會得到解答。

生命的原本狀態有如鑽石般的燦爛，每個人的內心深處都是潔淨無瑕，與生俱來就擁有智慧與富足的能力，只是出生以後我們開始接收大量的外在知識，逐漸把這種天賦的光芒給包覆住，然後自我發展的一套生存模式，這種模式是以自我為中心，讓人一直要掌控世間的一切，這是人類煩惱的源頭，因為它違反了自然法則。

人們後天養成與真理顛倒的思想，就像黑暗的烏雲，把我們原本光明的靈性遮蔽了，帶來的往往就是痛苦。世界上所有問題原本都是中性的，當我們洞悉宇宙本質的時候，它顯現出來的就是正面；在還沒有理解的時候，它顯現出來的就是負面。

人的一生中總會有幾次轉型的機會，或許你正面臨這個時刻，在這趟生命自我探索的旅程，可以試著從寧靜開始，察覺大自然的變化，緩慢體會生命的律動，盡看世間百態，往內觀照自己心性，應該就會發現一切問題的所在。

寫這本書是因為曾經在生活中迷航，所以提醒自己別重蹈覆轍；寫這本書是發現人生其實有一套美好的模式，希望透過文字來分享給你。這裡引用了一些小故事，希望藉由這樣的方式來認識人類的內在世界，能協助你在追尋真理的道路，更容易發現真實的本性，找到生命之根源。

在人生旅途中的有些時候，我們確實需要指引，此書就像心靈之旅的路標，期望你在深入了解自我之後，找到適合自己的方向，從容自在地生活。

目錄

壓力源是人不能完全掌握的因素，
壓力反應是壓力認知所造成的結果，
其中最關鍵的地方就是「壓力認知」，
你只要能夠巧妙的轉換思維，
就可以跟壓力說再見。

一、向壓力說再見

人類是一種非常奇妙的動物，我們突破了身體的極限，發明各種工具上天下海，甚至進行太空之旅；可是，當人一旦陷入痛苦，卻沒有辦法用任何東西幫忙消除。

物質文明一日千里，精神文明依然原地踏步，隨著科技的發展，幾乎人手一支手機，家家戶戶有電腦，所有的事情都可以靠網路搞定，生活如此便利不是應該讓人擁有更充裕的時間？

然而，我們卻過得比古人更緊迫，即使時代進步了，人們的煩惱依然有增無減，困擾我們的不再是物質的問題，而是人的心理問題，甚至有越來越複雜化的趨勢。

當前已有高達百分之十的人正承受憂鬱之苦，而超過百分之十的人飽受焦慮折磨，還有百分之二十五的人有長期失眠的煎熬；許多人表面上或許沒有上述問題，卻有各式各樣的精神困擾。

工業化大幅改變了我們的生活形態，把人類從大自然分離出來，深刻地影響了全世界；每一個人都成為經濟活動巨輪的一個小齒輪，社會制度建立起規則性的秩序，日復一日，一週七日，時間以小時為單位來分配，從此人們過著機械般節奏的步調，為了運轉高效率的人生，生活環境充滿著緊湊的氛圍。

為了成功致勝，需要跟時間賽跑，人們必須忙碌不停的工作，畢生的精力都投入在維持一定的成就水準，生命被當成是競爭與謀生的工具，眼睜睜看著與幸福漸行漸遠。該是停下來思索的時候了！現代的生活裡，凡是有意識的人都備感壓力，很多人白天時常處於筋疲力竭的狀態，晚上也無法好好入睡。

「壓力」（Pressure）原來的意思是承受壓擠之下的狀態，後來心理學家用來表達發生在人類身心上的「扭曲」狀態。

壓力已經是現代人生活普遍存在的問題，這種揮之不去的無形負擔，常令人喘不過氣來，壓力所產生的負面情緒就像一把野火，稍未注意便會焚毀生命的殿堂，把平靜的生活化為烏有。

醫學研究也證實，過大的壓力將造成免疫力失調，對個人身心健康產生莫大的傷害，人在生理方面的壓力，實際上多是由心理引起的。身心是一體的，身與心的關係密不可分，我們內心被問題所困，行為也同時被束縛，心靈受到創傷時，身體會記憶在細胞裡！

人在承受壓力時，肌肉會跟著緊繃起來，身體為了保護自己不再受外在環境的持續威脅，我們的肌肉一輩子可能都處於緊縮狀態。

常態性勞累會演變成慢性疲勞，而且落入慣性緊張的生理模式，限制住身體許多機能的正常運作，譬如：血液循環不良、自律神經失調、干擾內分泌系統和免疫系統，而引發憂鬱症、高血壓、心血管疾病、便祕、痔瘡、消化不良、癌症等各種慢性文明病。

幾年前，台灣票選出來的年度代表字是「憂」，顯示壓力令人產生憂心、不愉快、焦慮不安的情緒，儼然已造成社會多方面的問題。

日常生活裡不斷發生的小狀況，遠比人生中的大事件，更容易造成我們的壓力。比方職場中與上司互動不佳、同事間相處不愉快、夫妻感情不睦、情侶吵架冷戰、交通堵塞不暢、朋友意見不合、小孩不聽話等等。

每一天，生活中總有無數惱人的小事，在觸發神經系統數百次的微型壓力反應，讓身體持續處於「戰」與「逃」的警戒狀態，實在令人心煩意亂。這些日常困擾的持續累積，長期下來漸漸形成巨大壓力，時時刻刻都在影響我們的身心健康；情緒會左右生命的方向盤，憂慮會毀掉生活的品質，憤怒更可能造成終生遺憾。

不少人面對生活龐大壓力的困擾，不是慣性採取壓抑的策略，就是不懂得如何正確的宣洩。如果你把壓力視為常態，那要特別留意了，一個從未生氣的人終究會得內傷，但是若一再讓情緒暴走，則是使身邊的人很受傷。

若不從根本層次上獲得有效的紓解，惡性循環的結果，終將累積成無法收拾的大麻煩。正視壓力的存在，我們必須深入了解，找出它的根本原因。

許多人認為壓力來自於四面八方，可能是工作職場、家庭婚姻、人際關係等外來因素，但是為什麼面對同樣一種壓力情境，對不同的人來說，卻有非常大的差異性情緒反應。

追根究柢，壓力產生最主要的根源其實在於個人的思維方式，這怎麼說呢？

壓力發生的原因叫「壓力源」；由壓力源造成的生理、心理反應叫「壓力反應」；兩者之間還有一種對壓力源的想法叫「壓力認知」。

例如，下雨天出門很不方便，心情整個就是不開心；這時「下雨天」就是壓力源，「出門很不方便」就是壓力認知，「不開心」就是壓力反應。但是，面對同一種壓力源，由於承受者壓力認知的不同，就會讓感受到的壓力變得不一樣。

換句話說，壓力源是人不能完全掌握的因素，壓力反應是壓力認知所造成的結果，其中最關鍵的地方就是「壓力認知」，你只要能夠巧妙的轉換思維，就可以跟壓力說再見。

羅斯福還未當上美國總統之前，家中曾遭竊損失慘重，有一位朋友寫了封信安慰他。

羅斯福回信說：「親愛的朋友，謝謝你的來信，我現在心中很平靜，感謝上帝！」

「因為，第一、竊賊只偷去我的財物，沒有傷害我的生命；第二、竊賊只偷走部分的東西，而不是全部；第三、最值得慶幸的是：做賊的是他，而不是我。」

人可以因為心態改變而使生命轉變，只要轉變心態就能改變人生，這種幸福的換算方式，不僅是一種豁達的生活態度，更是一種超脫的處世智慧。

可是一般人很難做到，因為我們總有一種觀念：在沒有恆常且無法預測的世界中，我們凡事要求明確掌控；在不能完全作主的生活中，我們要求喜歡的事物長期擁有，不喜歡的事物不要出現。實際上，人生本來就充滿著變數，我們不願接受順其自然，就無法保持自在的平常心。

許多人或許認為犧牲現在沒關係，只要努力達成目標，當未來願望實現時，壓力就會自動消失，就可以快樂的享受生活。然而，人的欲望只會倍增，你不論擁有多少，只會想要獲得更多，當你得到了更多，你還是不會滿足，即使等到成功的那一刻，我們還是無法逃脫壓力重重的世界。

想要快樂很簡單，得到的人卻很少，因為快樂不在外面，它是一種身心全然放鬆的狀態，一個在生命旅途上快步急走的人，永遠找不到幸福。

生命不應該只是為了生存競爭，我們習慣用二元對立的思維模式，不是對就是錯、不是好就是壞。人的慣性喜歡控制一切，這些都是引發負面情緒的元凶，評斷比較形成的分別心，也造就是非與得失。

人類的心理有一種攀附現象，想要掌握一切正顯示內在的恐懼，這是形成執著和焦慮的因素；這種心理狀態會使我們被外界的事物牽著走，製造出各種煩惱與痛苦。因此，人們經常深陷於日常的瑣碎困擾，無法活在當下，細細品味生活。

一個人要去認識生命的真相，否則我們會誤以為唯有擁有足夠的物質，不斷地改變和控制外在的人事物，才能獲得快樂幸福。我們從來不問問自己，這樣努力追求的人生意義在哪裡？

印度聖雄甘地說：「找到你的目的，意義就會隨之而來。」

當無法感受到生命存在的價值時，你就會用物質欲望來填滿你的生活，現代社會經濟變富裕了，但物質不能轉為完全的安全感。很多人其實是不太快樂的，雖然上班面對客戶時，掛著滿面的笑容，可是回家後卻是一臉無奈！

世俗的成功不保證會帶來健康與安心，有不少高成就人士就領悟到，其實自己從未真正擁有成功，而是被追求成功的欲望所擁有，不要只看到成功的表象，我們雖然贏了某一部分東西，但也失去更多的東西。

實際上，幸福是一種平靜安寧的心理狀態，假如不認識深層的自己，到處向外尋尋覓覓，一生可能都無法發現幸福。

一般人很少會去留意自己的內在世界，去探索人類的精神層次，除非遇到人生重大的事件，困難超越人類智慧的時候，或者是遭遇身心出狀況而現代的醫學無解，才會往靈性的方向找答案，尋找生命的價值跟意義。

許多人雖然有宗教上的信仰，但通常僅限於上教堂、跑廟宇，把生活難題或願望交給上帝、神佛來做主。人們有一種慣性思維，就是希望藉由神蹟讓自己的難題憑空拔除，或者有些人喜歡去追求一種可以馬上解決眼前困難或創造成就的方法。

這樣的做法會產生負作用，因為這樣不符合大自然法則，眼前所有的困難都是我們自己過去的累積及多種因緣集合而來，我們往往忽略自己應該做些什麼？

很久以前有個苦惱的人，他聽說達摩祖師曾一葦渡江，神通廣大且能滅一切苦難，就背起包袱上山找達摩祖師開示。

祖師聽完他的訴說之後，對他說：「把你的苦拿出來，我幫你滅掉。」

苦惱的人：「我找不到苦！拿不出苦來啊！」
祖師：「真正能解脫苦的人，只有你自己。」
苦惱的人：「可是，正是我自己的心中充滿了苦惱和困惑啊？」
祖師：「你想一想，眼前的苦惱和困惑，是誰放進去的？」
此時這個人沉默不語，當他抬起頭來，注視著眼前這位覺悟的人。
祖師對他慈悲的微笑：「是誰放進去的，就讓誰拿出來吧！」

解鈴還須繫鈴人，心病還需心藥醫，苦惱與困惑都從內心生起，任何其他人不可能將它從我們的內心取出來，尋求解脫一定要靠自己才行。

「我的生命無他，唯真理實驗而已。不管這條道路有多難行，我憑藉著手上的亮光一路前行，路途上我經常瞥見微弱的亮光，指引著絕對真理。」

——甘地

二、思想創造世界

天地的活動瞬息萬變，但是人類的身心運行之道，數千年來並沒有太大的變化。

「境由心造，相由心生」，你的思想打造了你的世界，外面的世界所有矛盾衝突，都是我們內在反映出來的結果。我們把生命深層的問題投影到生活上，每一個事件、每一種壓力不論正面或負面，都只是如實呈現你的內在。

造物者知道人類並不喜歡探索內在，所以讓問題以煩惱、痛苦、疾病，甚至災難等形式投射出來，唯有這樣子，人們「或許」能夠看清楚真實的自己。有能力解決問題的人只有我們自己，與其汲汲營營向外追求答案，不如向內調整思想與觀念。

文學家詹姆斯．艾倫（James Allen）說：「只有正確的思想，才能指導我們正確的行為；只有正確的行為，才會給予我們正確的生活，有了正確的生活，才會有真正的幸福。」

「思想是主要力量，它能鑄造我們，決定著我們的一切。思想造就了世界，思想永遠是人類的工具，我們會按照自己的意志實現自己的想法，帶來無數歡樂，或無數的禍害。

「人們看不到我們的思想，但是，思想卻能以物質的形態表現出來，環境不過是一面鏡子，映射出思想的內容而已。」

自古以來人類的戰爭不曾停過，真正的戰役從來都不在外面，而是在我們的內在。然而，我們似乎沒有準備要處理衝突真正的地方。

今天人類有能力發展最新的科技，讓世界形成地球村，但是，我們卻無法徹底解決內在大大小小的障礙，問題出在哪裡？因為我們只相信科學，認為人定勝天，不願意認清生命的真相。

印度一句諺語說：「認識是一個人，指的是認識他的身、心、靈（To know oneself is to know body, mind and soul）。」人不只有身和心，還有一個更重要的東西——靈。

「靈性」不是一個宗教或哲學名詞，對於理性的頭腦來說，不認識靈性的存在，因此科學家一直否定靈魂的真實性；科學的歷程就是不斷地在探索未知，宇宙之大仍有許多事物是人類未知的，所以我們接受了這樣的理念有什麼損失？

無論是物質或精神上，其實也不會怎麼樣，就像地心引力本來就一直存在，並不是牛頓發現以後才出現的。

我們的感覺器官所接收的訊息，經過大腦所呈現的，並非是完全真實的世界樣貌，因此不能凡事都依賴科學。我們的內心若要真正得到自由，就必須先擺脫科學知識與主觀意識所帶來的束縛，這些束縛與現代化的教育息息相關。

普遍來說，遠古的人類祖先都能接受靈性的世界，畢竟那是日常生活的一部分。一個人的心靈，決定生命的喜怒哀樂，人的內心得不到滿足，就會過度依賴外物（境），生活中一點點無常的變化，都會讓身心不得安寧。

靈性是生命能量的主要來源，唯有心靈富足的人，才能獲得平和、喜悅以及愛的能力。

大自然運作的複雜度，遠遠超過人類心智的想像，靈性超越科學範疇，無法研究理解，只要願意相信即可；每個人都有靈性，只因日常的喧囂忙碌而冰封沉睡。相對於地球的壽命，人的生命極為短暫，從誕生到死亡就是人的一生了，那麼中間這段過程，何不快快樂樂的活著！

人生是一趟發現真理的旅途，一個人的快樂不在於追求物質的富裕，而是在探尋真理的過程中，逐漸啟發喚醒靈性，實踐生命價值的同時也豐富了這個世界。

「人類靈性的真理，超越了任何單一的宗教信仰。心靈的力量，超越任何國家的力量。智慧、愛和療癒的能量，始終在這個宇宙間運作著，它超越了人類心智。當我們在自己內心能夠找到那份平安之時，我們就接觸到了這個宇宙的力量，這是我們唯一的希望。」

——塔唐祖古（Tarthang Tulku，藏密上師）

跟古代比起來這個社會不缺乏物質，也不缺少知識，在某些層面上，現代人可以算是非常聰明。然而，現代人並沒有因此變得更快樂，每天過著忙碌的生活，做什麼事速度都要求快，一刻也不得清閒。

尤其是住在城市的人，把工作當成競技場，害怕自己被淘汰出局，內心充滿浮躁不安，每天都有處理不完的事情，一再重複前一天的生活方式。人到底一輩子在忙什麼？或許自己也不是很清楚。

對人生方向茫然迷失，只好盲目地跟著社會潮流走，繞著金錢、車子、房子打轉，將生命的價值建立在鈔票上，迷戀一種虛幻的充實感。此時，何不運用一下心靈指北針，走出迷霧的叢林。

我們一生當中接受了很多種教育，不論是家庭、學校或社會上的。現今教育的方式嚴重傾向於知識的傳授，以功利為核心本質，偏重學科不重視品德的培養，更助長利己價值觀的形成。

現代化教育的用意主要是為了讓人們能夠在社會謀生，特別是學校及社會的專業訓練，一旦你改行換業就派不上用場了。

世界上還有一種教育稱為「心靈教育」，它的目的在指導我們如何正確生活，可是很少人接受過這種教育。心靈的教育不管你處在什麼環境，時時刻刻都離不開它，無論你轉換在哪個跑道上都用得到，而且永遠也不會過時。

教育是人類升沉的樞紐，心靈教育為一切教育之母。

人類生活的障礙來自於自己觀念的障礙，造成壓力、情緒、煩惱，以及痛苦，想要改善生活應該從提升生命狀態著手。宇宙之間最偉大的力量就在你身上，心靈是每一個人與生俱來的寶藏，一個極具智慧的內在本性，可以為自己指點迷津，只是你還不知道如何連結它。

如果一個人能夠在有生之年，有機會透過心靈來引導我們走上正確的道路，開啟自己的天賦能力，去發現生命的意義與價值，重新定位生活的目標，自然能過著無悔的幸福人生。

所以無論你現在正在做什麼、背景和經歷如何，只要你願意啟程心靈之旅，生命確實可以變得不一樣，過去的就讓它翻頁過去，昨天已經成為歷史，現在是全新的一頁開始，給自己一個機會，尋回平靜自在的生活。

有一個我們還不夠深入認識的世界，外在物質的世界你看得見，就像房子、樹木、書本等；另一個內在的精神世界你摸不著，比如思想、情緒、意識等。多數人都清楚有形的物質世界，相對於生活的意義，卻很難明白無形的精神世界，相對於生命的影響力，有些人甚至不曾關注過自己的內在世界。

內在世界為因，它會導致外在世界的果，要改變結果必須先了解成因。我們的生活是否快樂，不在於我們的身分背景、財富地位，而是取決於我們內在的活動。

人們的婚姻關係總是存在著許多的問題，生活中隨處可見這樣的場景：

妻子經常向好友訴苦，抱怨說先生很自私、不體貼，只重視朋友，從來都沒有關心過她，兩個人經常吵架，還鬧著要離婚。

好友問她：「那你先生怎麼說？」

她說她先生總是回答：「結婚前我個性就是這樣，沒辦法，我改不過來！」

然後回頭來指責她說：「妳自己不是也一樣，情緒這麼不穩定，動不動就發脾氣，誰會喜歡待在家裡啊！」

每個人對於自己行為的解釋，大多是源自於過去一向如此，人為什麼會輕易就定型，我們對於改變自己真的那麼無能為力嗎？

回想過去的種種，許多人可能自覺說：「其實，我知道問題就在哪裡，但是我不知道真正有效的方法，我總在同樣的問題上，重複地繞來繞去，我覺得很煩悶、挫敗；如果知道如何改變行為態度，重新定位自己，生活上的問題就會改善許多。」

但是，我們是否真的擁有完全自由的意志？

事實上，所有人性的問題關鍵就在「意識」當中，根據神經科學研究顯示，人類的行為模式有百分之九十以上的活動，都是由深層意識在主導。

我們所說的「我」，不單純只是我們知道的「我」，在意識底層還藏著許多你不認識的「我」！我們的生命是由意識所組成，人體是意識存在的工具，就像人與汽車的關係，所謂「開車」是指人操控著汽車，人和汽車是一體的。

同樣的，生命體是指精神體與肉體，精神體驅動著肉體，這個精神體就是由意識組成，所以又稱為「意識體」。我們無法完全控制自己的意識，尤其是深層意識。

幾千年以來，關於意識和心智的問題，過去一直被認為藏在大腦的黑盒子裡，如今經過一些科學家、心理家、哲學家的努力，逐步地解開那個神祕且深不可測的奧祕，現在就讓我們一起來重新認識「我」的真實面貌。

只有正確的思想，
才能指導我們正確的行為；
只有正確的行為，
才會給予我們正確的生活，
有了正確的生活，
才會有真正的幸福。

三、生命的資料庫

坐落於希臘德爾菲山中的阿波羅神殿，是古希臘世界最重要的信仰中心，其前庭石階上刻著一句箴言：「Know Thyself」表達著人在開始去了解其他事物之前，必須先認識自己，要找到真正的自己，這是智慧的開端，這也是幾千年來，哲人畢生追尋的方向。

有人問古希臘哲學家泰勒斯：「你認為人活在這個世界上，什麼事情是最困難的？」泰勒斯回答說：「認識你自己。」

哲學家蘇格拉底也服膺於這句格言，他謙虛地承認自己的無知，認為自己唯一知道的，就是什麼都不知道。認識自我不是一件簡單的事情，但是能夠自認為確實不完全了解自己更是一件困難的事。

人類生活上的障礙絕大部分來自於生命，然而生命是什麼？卻是一個常常讓人不知道怎樣回答的問題。

我們的大腦與意識的關係，至今在科學界仍是一個謎，雖然過去許多科學家宣稱——思想只是大腦的活動產物。但是近年來一些腦神經專家的研究明確指出，我們的精神與神經活動之間其實是相互對應的，思想不屬於物質而是精神。

每次當我們思考的時候，我們的大腦就產生了變化，腦細胞是大腦的基本單位，腦細胞主要包括神經元和神經膠質細胞。大腦活動最主要的細胞是神經元，負責處理和儲存與腦功能相關的訊息。

人腦大約有一千億個神經元，每一個神經元具有許多分枝，藉由樹突和軸突，與許多神經元綿密地連接起來，形成錯綜複雜約一百兆個神經連接的網絡；就像一個電腦網路是由一百兆個電晶體所組成的，在腦內形成複雜的網路，神經纖維攜帶訊息，大腦對一切訊息的傳遞，都是靠神經元與神經元之間的「光電效應」。

當人思考、感覺和行動時，神經元就會在腦中傳遞訊息。這些訊息的流動藉著電流及化學物質，以極快的速度從一個神經元傳遞到另一個神經元，讓大腦可以很快地反應。

神經元和神經傳導物質之間的活動，是建構人類心智活動的基礎，心智是身心一系列認知能力組成的總體表現，這些能力可以讓個體具有感知、思考、決策、行動、記憶以及學習等功能。

基本上，大腦是人類意識活動的指揮中心，心智是意識活動的代言人，心智及頭腦是一體不可切割分離的。

傳統的科學理論認為心智與意識，純粹是神經細胞與一些化學分子的綜合表現。

近幾十年來的神經科學與精神學逐漸整合，則提出完全相反的論點，表示人類不只是機械化的動物——人類的意識從心智階段開始，意識能夠形塑大腦。

從量子物理學觀點來說，物質其實是心靈或是意識的產物，人在有限的知識領域內，很容易被先入為主的理論高牆所阻擋，看不見應該看到的真相。

一百多年來，研究心智的科學家專注於意識對思考與行為的影響。以深入對潛意識的研究分析，影響二十世紀人文思想甚巨的心理學家——佛洛伊德，其中心思想指出，決定我們每日思考、情感及意志的心智模式，大多發生在無意識狀態，人類心智運作背後具有錯綜複雜的關聯因素，對人的身心具有細微卻又巨大的影響力。

佛洛伊德將「潛意識」引薦給世人，接著分析心理學創始者——榮格提出了「集體潛意識」概念，它是人格結構最底層的潛意識，包括人類各種族及祖先在內的世世代代的活動方式和經驗庫存的遺傳痕跡。

集體潛意識和個人潛意識的區別在於它不是被遺忘的部分，而是我們一直都意識不到的東西。集體潛意識是對佛洛伊德個體潛意識的發展延伸，個人潛意識是人格結構的第二層，屬於個體資料庫，作用要比顯（表）意識大，包括一切被遺忘的記憶、知覺和經驗，以及夢和幻想等。潛意識跟夢境會產生關聯結合，人在現實中的不滿足藉由夢境抒解出來，所以夢中的許多景象都可能是一種真實事物象徵。

集體潛意識則是人類歷史與文化的大型資料庫，所有的人內在深處都有這些共同的東西，這些心靈的產物並非得之於個人的過去經驗，而是來自人類祖先共同的「精神遺產」，人與人之間在某種程度上是共用一個資料庫。

榮格認為人類潛意識的資料庫裡儲藏著生命百思不解之答案，還存有創意、靈感、直覺和感應力等高層次的意象。這些資訊並不存在於意識表層，也不是從經驗中獲得的，在正常的狀況下無法被隨意運用。

「你的潛意識是一間你專屬的大暗房，是沖洗出你的外在生活的祕密處所；因此塑造出你這個人的，並不是你的名字、你的穿衣風格、你的父母、你的鄰居、你開的汽車……你是在這間地下暗房裡一張圖像接一張圖像地沖洗出來、在光與影的組合下逐漸成形的信念。」

——約瑟夫．墨菲（Joseph Murphy，哲學博士）

意識有誰看過？意識看不見卻像風一樣，強而有力且難以捉摸。意識川流不息、變化多端、無形無相，並且具有超越時間與空間的特性，例如，我們可以回想幾年前出國旅遊的美景，明天想要去哪裡買東西，或者夢中變成會飛的人諸如此類。

意識雖然看不到，卻可以時時感受它的存在，並且影響著所有生命體每一分、每一秒的身心狀態。人體的生理機能不經由表層意識來控制，而是透過深層意識來調控，譬如呼吸、荷爾蒙的分泌、免疫系統的防禦功能等等。

人體有一種神經系統分布於全身，掌管內臟及血液循環、負責調節心臟搏動、腸胃蠕動及唾腺分泌等，這類反應是自主性的，它不為大腦所控制，這套系統稱為自律神經。因此當我們睡著時，身體還能正常運作，這一切都由深層意識統籌管理。

《聖經》上說：「我未成形的身體，你的眼睛早已看見；為我所定的日子，我還未度過一日，都完全記在你的冊上了。」

這個「冊」指的是我們生命的資料庫——意識體，即從極微小的原始細胞開始，設計、塑形所有器官的生命藍圖；意識與生命結合為意識體，也稱為「精神體」。

人類的生命體是由肉身與意識結合成一體並相互作用，如同電腦是由硬體與軟體組合而成，沒有意識人就不叫做活著，沒有肉體人也不能存在。意識時時刻刻影響著我們，無論是完全清醒或沉浸在夢鄉中，意識就像是電腦的軟體程式，意識體是建構生命的資料庫，也是生命的驅動程式，若未能正視它的存在，我們將無法認識真正的自己。

人類意識的層次可分三大類：顯意識（表意識）、潛意識（無意識）、以及超意識；並細分為五種：個人意識、家族意識、社會意識、人類意識、天地意識。

1. 個人意識（自我）：個體從出生到成長歷程的意識，個人意識涵蓋了表意識及潛意識。
2. 家族意識（祖先）：歷代祖先累積的集體意識，包括父系與母系祖先意識。
3. 社會意識（種族）：國家、社會、種族形成的集體意識。
4. 人類意識（物種）：自有人類歷史以來累積形成的集體意識。
5. 天地意識（無我）：大自然、宇宙超意識，一切造化的源頭。

你或許會感到驚訝，從小被灌輸的觀念，至今仍舊深植在心中，甚至影響你對事物的喜好觀感。人只要活著，意識體就不停地在接收和傳遞訊息，每個人多少都會有些遺忘的記憶，其實這些資訊並沒有消失，而是一直隱藏在潛意識的深處。

原生家庭是生命旅途中，第一個學習成長環境。在這段期間，我們開始對世界產生了認知與感受，並在家庭成員的耳濡目染下，塑造人的個性特質，建立了人格發展的基礎，在家庭養成的一些習慣，同時奠定我們日後人際互動的模式。

在我們兒時成長歷程之中，接收過許多負面的暗示，且經歷一些失落與創傷，這些經驗就像一張張相片，被忠實地記錄在意識深處。

人和人的關係並非孤立，生命之間存在著一個連結的系統，家族意識是一種無形的牽引力量，尤其原生家庭是最重要的階段，對一個人影響最早，也是最大、最持久的。

每個人生命的歷程都曾受過傷，從一個需求的落空，到失去親情的溫暖與呵護，或者受到言語與肢體上的暴力行為等等經驗，都可能在我們內心造成傷害留下陰影。

如果這些傷口未適時療癒，很容易形成日後生活上的負面效應；這些陰影是誰造成的，有可能是父母、師長、兄弟、姊妹，以及同儕，然而更多則是來自各種「誤解」所產生的自我傷害。

一般父母教導子女的處世原則，通常會根據過去的生活經驗，他們的經驗有一部分是來自於上一代的傳承，上一代又源自於上上一代，這樣代代相傳的結果肯定會保留一些特有的家族文化。

家族集體意識是我們思維的一部分，其中有正面也會有負面的，負面的部分會造成思想上的盲點。任何人幼時都曾受過負面的傷害，太多陰影會影響到健康和人際關係。父母的童年可能也曾經受過心理創傷，如果並不清楚如何自我療癒，很可能就會讓這些陰影遺留給後代。

我們無法選擇誕生在什麼樣的家庭，除非我們願意為自己的生命負起責任，以正面的態度去面對意識體的陰影，否則把過錯推諉給他人，仍舊無法擺脫童年養成的慣性，形成一些重複的錯誤行為模式。

「我們已走到了十字路口，意識若不是錯誤的解答，就是沒以正確的方式來嘗試，我想建議後者才是真確的。人性黑暗面的解答，唯一永久的解答，就是更高的意識，出錯的不是這個答案，而是它的應用方式。」

——狄帕克．喬布拉（Deepak Chopra，美國醫學博士）

人類是群居的動物。一個由人所建構而成的群體，擁有一定的空間並具有獨特的文化和風俗習慣，即稱為「社會」，它可以是群體活動和聚居的範圍，例如是城鎮、城市；廣義的社會則可以指一個國家或一個文化圈，例如東方文化或西方世界。

從古至今，人類社會都有共通的語言、文化、習慣、信仰等，因此，社會文化是什麼樣子，必然把個體培養成什麼樣子。人為了生存，避免被孤立，自然也被捲入於社會形態的規範中，這就是「社會集體意識」。

根據心理學家榮格的理論，個人為了適應不同的社會文化環境，會在不同的社會環境扮演不同的社會角色，表現出不同的形象，也就是戴上不同的面具。因此，我們的人格是由許多「面具」組合成的，人格是一個人所使用過的所有面具的總和，人會在不同的場合使用不同的面具，而且無時無刻都戴著面具。

譬如說，擔任老師的人會在學校使用教育者的面具，老闆會在員工面前使用管理者的面具，人格面具就是人的社會角色，源自於社會的期待和幼年的教育。

人剛出世時只是個單純的接受者，然後開始在生長環境學習模仿，很多人都會給予教導，目的都是在如何適應這個社會。直到有一天便會發現別人的觀念，已經變成自己思想的一部分，這就是集體思維的影響力。一個人在社會上生存就需要與其他人相處來往，但是我們內心被需要取得歸屬感的力量牽引，於是我們害怕孤立，避免衝突而傾向認同多數人的觀點。

社會心理學家阿斯契（Asch Solomon）曾經進行一項「獨立與順從行為」實驗。

他讓一名受試者坐在一張九個人的桌子旁，而這些人都是實驗者安排的共謀者，這名受試者被安排坐在倒數第二個位子。

實驗一開始，實驗者讓每個人看一張卡片，卡片上有一條直線，之後再看第二張卡片，卡片上有三條不同長度的直線，其中有一條很明顯地和第一張卡片上的直線長度相同。接著這些人被要求回答第二張卡片上，哪一條直線的長度和第一張卡片的長度相等。

這個答案本來是很明確的，但由於實驗者刻意指示共謀者講出錯誤的答案，結果令人震驚：有三分之一比例的受試者會遵從團體的不正確答案，而另外三分之二的受試者會至少遵從一次。

即使團體不夠大，只要有三到四個共謀者在其中，也會產生這種適應性態度或從眾行為，顯然群體的高度凝聚力或威脅性，將壓抑個體成員的獨立思考和判斷，使其提出的意見與群體一致。

對集體展現一致性的意見時，讓很多受試者放棄自己原來的觀點，這種順從行為的表現，有的受試者表示是「不自覺的」，有人則指出是對自己的意見「信心不足」，也有些人則認為只是為了「避免與眾不同」，雖然明知別人是錯的卻「不得不跟從」。

現代社會生活方式，群體聚合的力量越來越廣大，個人融入集體意識之後，集體思維將佔據領導地位。為了得到群體的認同，這種思維產生的迷失，很容意制訂出錯誤決策，導致嚴重的後遺症。

人類天生有一種惰性，一旦遇到未曾接觸的事物時，會依循他人的經驗作為獲取資訊的來源，當作自己選擇判斷的指引，不幸的是別人不見得比我們了解實際的狀況，如果一味地跟著別人腳步走，很容易迷失人生的方向。

千萬別小看集體意識對個人的深遠影響，這是幾百萬年來支配人類活動的自然法則之一。每一個社會的負面重大事件都會隱藏在每個人心中產生不安全感，如果我們不採取主動，便由集體意識來運作我們的生命，極可能導致遺憾的人生。

人類文明發展的過程一直想要征服世界，現代化的社會已經幫我們都歸納好，每一條可能通往成功的路徑、運作的模式，每個人只要學習複製它便能有所成就。因此，我們自小就被訓練教育著迎合社會價值觀，順應文化潮流，以為只要努力改變自己，模仿成功人士的特質，就能心想事成。

這些理念表面看似非常合理，其實人生沒有標準版本，社會價值觀賦予人們太多幻想，如果任由文化風氣牽著鼻子走，久而久之，我們將忘記自己有什麼特質，同時抹去自己的天賦才能。

一個剛踏入社會的年輕人，他為了謀得一份工作，就必須了解企業的需求，得知他必須取得什麼學歷證照，才能應徵進入公司，他必須扮演好職場上的角色，熟悉適應各種社會規則。

因此，我們慢慢地被社會意識同化，把真實的本性給隱藏起來，而阻礙了心靈的發展。隨著我們社會化的時間越長，人格及自我越來越堅固，相反的也就愈來愈失去自然天性，創造、改變能力也跟著停滯下來。

我們所處的現代化社會，集體形成的意識在引導我們如何經營欲望，如果我們沒有正見的話，就很容易受到誘惑。一個人耗費許多時間與精神，卻只在將生命訓練成謀生的工具，社會價值觀成了心靈的束縛，我們的思想逐漸被看起來很真實，實際上卻是虛幻的物質世界所佔據。

許多人其實在物質方面已有相當成就，後來卻開始感覺陷在功利的魔咒，也有些人雖然很努力工作，仍然感到茫然，日漸嚐到苦的滋味，種種的煩惱應運而生，於是過了中年後，才開始想要追尋自己真實的本性。

「每個人都有他的路，每條路都是正確的；現在有近六十億人，就有六十億條正確的路。人的不幸在於他們不想走自己的路，而總是想走別人的路。」

——伯恩哈德（Thomas Bernhard，奧地利詩人）

每一個人、每一個生命都是獨一無二的，生命體都帶著一份屬於自己獨特的生命藍圖，天地意識會來引導，透過自己來施工。

看到別人有好車，我們也跟著想要；別人有豪墅，我們也要一棟；別人賺很多錢，我們也想要；別人很成功，我們也要跟他一樣成功。每個人都是唯一的存在，何必複製別人的特質與模式，適合自己的才是最好的。

唯有拿著自己的工程圖來施工，才能蓋出適合你住的房子，如果拿著別人的藍圖要叫大自然來施工，那是行不通的。

人一出生就已經攜帶來資源，如果放著不用，然後看到人家很好，就想跟他一樣，因此而一直生活在學習、模仿別人的生活中，結果遍體鱗傷，甚至去強取豪奪，最後將替自己帶來災難。

多數人不曾察覺自己的生命擁有巨大的力量，宇宙間存在一個具大的智慧寶藏，天地意識就是「超意識」，或稱「純粹意識」。超意識不生不滅、無始無終是一切造化的源頭；這是一股無所不能的能量，它讓日月星辰運行、大自然生生不息。

在古印度的吠陀哲學經典，超意識的梵文叫Satcitananda，這是描述對宇宙意識的體驗。這個字分別由「Sac」（真實）、「cit」（智慧）、「ananda」（極樂）共同組成，意思是指天地之間有一種微妙存在，它是智慧與喜樂的源頭，它超越了個人意識和集體潛意識，也是人類心智無法理解的範圍。

它擁有無限創造的能力，非凡神奇的力量，最不可思議的是超意識就深藏在每一個人的意識體，可是我們卻渾然不知它的存在，為了讓人們認識它的真實存在，古代先知會將超意識神格化，外顯為「造物主」或內化為「神靈」。

如果將人類的整個意識體比喻成一座冰山的話，那麼浮出海面的部分就是顯（表）意識的範圍，屬於冰山一角，沉潛在海平面下肉眼看不見的部分，則是潛（無）意識，包含集體無意識，而一望無際的大海則是宇宙（超）意識。

榮格認為集體無意識底層是「心如」（Psychoid），集體無意識是個限制性的概念，它是人類意識之光掃射不到的禁區，而「心如」還比集體無意識的層面深邃，它是一個無限的概念，其性質根本無法分析。

各種跡象皆顯示，宇宙意識超越精神與物質之上，時空結構對它已不適用，因此可以將這種純粹的存在，視為天地智慧的力量展現，這就是東方思想的「道」。簡單來說，超意識就是超越自我的「本性」或「無我」。

一九九五年，發生於日本神戶一場突如其來的大地震，當時使得神戶成為人間煉獄，六千四百多人罹難、四萬多人受傷，鐵公路、橋樑、建築物損毀不計其數。

其中發生了一起引人關注的事件：一位身高約一百五十公分左右，當時和孩子一起睡的母親，在地震發生時用瘦小的身軀，擋住不斷崩塌的房屋，因此保住孩子的性命。這些倒塌的土石重達數噸，一個人竟然能夠用肉身抵擋，這是超越常人能力所及的事情。

當人遇到非常危急的事件時，究竟是什麼力量驅動身體分泌一種叫腎上腺素的荷爾蒙，刺激人體產生爆發力，讓一位柔弱的女子變得力大無窮，甚至讓年老的長輩突然健步如飛。

人的生命潛能是無限的，指的就是每個人與生俱來都攜帶的天地意識。你、我體內都有一個沉睡的靈性，那就是我們的超意識，隱藏著你所無法想像的力量！從認識到喚醒啟發它，你將會發現一個完整的自己。

這個智慧傳承自古以來已經流傳了千百年，但真正擁有這種能力的只有極少數人，無論是佛陀、耶穌、老子、穆罕默德等聖哲，還是古老原住民的長老，都宣揚過這樣的真理。

他們的意識層次已經修練達到一定高度，因此足以啟發好幾個世紀的人類。然而，從科學的角度來看，他們的大腦跟任何一個成年人都差異不大。

開悟聖者只是跟著大自然的引導，走向大腦（身）、心智（心）與意識（靈）合而為一的旅程，這就是為什麼每位偉大的精神導師，都表示任何人皆可以跟他們一樣，完成這趟豐富的心靈之旅，他們的工作只是在指引當事人恢復本來真面目。

心靈是天地之間最柔，也是最強的力量；天地意識擁有大能、大愛，而且原本就儲存於每個人的意識體，你就是大自然的一部分。所以，上帝並未偏愛偉大的聖者與先知，他們也是出生於平凡，只是他們比一般人勇敢，願意放下外緣並跟隨著覺識的引領，尋求真理，找到生命的源頭。

人們生活所受的苦痛，是因為沒有將生命之樹的根部，深入連結到超意識，而無法吸收到大自然的營養；因為我們只顧著接收物質與欲望的養分，過著患得患失、虛度光陰的生活。

如果人生像一部電影，生命就像是演員，意識是動態的劇本，靈性就像是導演。原本每個人的人生都應該是一部圓滿喜劇片，但是人們一輩子都習慣於自導自演，不願放手讓擁有大能的靈性來執導，才會脫稿演出變成一齣泡沫肥皂劇，這種情節不知道生生世世要輪迴幾次才能解脫。

「在你身上，一如在每個人身上，有個遠比思維更為深邃的覺識層面。那就是真正的你的核心本質，我們可稱之為臨在、覺性，或不受制約的覺識。在古老的教義之中，它就是你心中的上帝或佛性。」

——艾克哈特．托勒（Eckhart Tolle，作家）

有位農夫在展覽會場向大家介紹一種四方形的西瓜，參觀的人見了都嘖嘖稱奇，追問是用什麼方法種植的。

農夫解釋說：「當西瓜長到乒乓球般大小的時候，我便用透明四方形的框罩著它，一旦它的空間佔滿，便停止生長了。」

人的成長歷程也是這樣，大量吸收外來的知識自我設限，就像四方形框罩住的西瓜一樣，把自己關在心智的框架，放棄讓靈性成長的機會，生命的發展自然受限。

意識對一個人的影響從母體受孕那一刻開始，人在嬰兒時期身心的活動都由超意識在主導。因此，孩童總是過著天真無邪的生活，然而出生後隨著生命的成長，不斷地接收外界的知識，這些資訊都被儲存起來，就像磚塊般逐漸把心靈封閉起來。

人類的習慣與知覺反應，大部分都在童年階段養成，孩童時期的學習過程持續接收多種的常識、知識、教育及生活經驗，潛移默化逐步累積儲存在潛意識的記憶庫。所以，父母、師長、同儕與社會環境等，在每個人的生命形成中都扮演重要的角色，這些以「小我」為中心的集體意識同化了我們的個人意識，因而將宇宙超意識關閉鎖碼，讓我們離開了生命本來的狀態。

我們的意識在不知不覺中製造新的潛意識，而潛意識又反過來影響了我們的意識，無限循環形成習慣迴路，人一輩子就這樣被個人和集體意識所困住而失去自由。人很容易不自覺地對接觸到的一切事物進行分類，這種無法察覺的慣性化思考，將會轉化成我們的基本態度，形成影響我們一生的行為模式，生命活動中的每一種重複的實踐，無論是好或壞，就會變成習慣。

人類是習慣性的動物，任何事物當建立起固定路徑後，就會依循它不太容易去改變，這種惰性形成的慣性思維，將原本不受時空和物質限制的意識框住，人們也隨著年紀增長逐漸失去好奇心及創造力。

從嬰兒時期一直到成年時期不斷接受外界的刺激，一些經由不斷重覆執行產生思考的直覺反應，形成一種自動化反應，像輪子的滾動一樣，一轉就停不住，一旦養成，不論是正面或負面的習慣，意識的程式都會自動去執行。

我們是怎樣的人，便是在潛意識重播機制下形塑的，不幸的是，在這種模式運作之下，整個自動化的知覺與判斷等心智活動，使我們思想越來越狹隘、人格越來越僵化，讓我們變成心智的奴隸，無法認識真實的自然本性。

「真實的心是神聖的禮物，理性的腦是忠實的僕人；然而我們建造的社會卻只榮耀僕人，反而遺忘神聖禮物的存在。」

——愛因斯坦

意識體是一個無限量的儲藏庫，人的一生大大小小、鉅細靡遺的訊息全部儲存在這裡。這些資訊源自於我們日常中所接觸到的外界環境的人事物，正如我們所吃的食物決定了我們的身體，我們的經驗也決定我們的心智。

心智是意識與身體結合產生的心理活動，意識不是你的大腦，意識是大腦的主人，你的大腦不是創造者，它只是一個翻譯工具，真正的創造者是意識。

大腦並不是念頭、思想或感覺的創造者，就像我們不會說音響創造了音樂。大腦的角色就像音響裡的電晶體，它提供了一個傳遞意識的生理結構，就像音響能讓你聽音樂一樣，而音樂就是心智，意識則是詞曲創作者。

生命的存在是意識的結果，宇宙的一切圍繞著意識存在，人的生命活動主要是為了意識的存在。人類的意識活動是一種連續不斷的資訊流，在我們一生當中，每一天的每一秒鐘，無意識的頭腦都不停地在工作，怎樣的意識就有怎樣的人生。

大腦有非常強的可塑性，意識的訊息流動逐漸塑造我們的大腦，同時也塑造心智，身和心的溝通是雙向互為影響。

心智是意識與身體合成的產物，人類的思考別完全依賴心智，心理活動只是大腦的活動表徵，如同相片不是實景，菜單不等於佳餚。我們身心所能感知到的世界是有限制的，並非完全地相等於真實的世界。

譬如，我們到一座森林裡，鳥能看到人所不能看到的視野，蝙蝠能聽到人所無法聽見的聲音，狗能聞到人所聞不到的氣味，而我們的感覺也跟其他動物不一樣。

森林的實境應該只有一種，但是對人、鳥、狗或蝙蝠而言，不同層次的心智狀態，卻產生認知上的差異。就像同樣一件事，如果用不同的觀點去看，就會有完全不一樣的感受。心智形成個人的主觀意識，同時也建構我們對於這世界的看法，即使擁有正常的心智，仍勿執著於自我認知的感受。

肉身是一個體，所以肉身稱為身體；心也是一個體，叫做意識體或精神體。當一個人身心遠離了大自然的活動，我們的思想就會遠離真理，忘記人類只是天地的一部分，卻自以為是宇宙的中心，而一直想要控制世界，想要掌握一切，希望周遭的人事物都能依照我的意思來運作進行，這樣的意識狀態就稱為「汙染」。

心靈學家洪寬可老師在《開悟不難》書中指出，汙染的意識體就是我們一般人的無明習性，所展現出來的就是充滿陰影的生命狀態。人們的苦惱就從這裡開始，心智的光明也就這樣變得昏暗，如果這樣的意識狀態一直持續到我們面臨死亡的那一刻，當意識游離出來的時候，就稱它為「靈魂」。

沒有淨化、沒有解脫的意識體叫做「靈魂」；淨化了、解脫了以後的意識叫做「靈性」。

我們的意識就是我們的思維，它如同是一間房子，如果我們不清理，經常亂丟垃圾，幾年之後，屋子裡就會成為一個垃圾場，沒有人願意住在裡面。同樣，如果我們的意識受汙染，思維就會不正確，我們的內在會變得負面，這時就像帶著墨鏡看世界，總覺得人生烏雲密布。

一個人不論地位多高、收入多好，只要內心經常處於「不安寧」的狀態，就不能稱為幸福。

心智的不安會造成人對於現狀不滿足，其根本原因是心不平靜，汙染形成的負面意識如同海底暗礁、海溝，外面的環境就像風，當我們跟外界互動的時候，這些暗礁、海溝就會濺起浪花，產生亂流，而浪花、亂流就是負面心智、思想及情緒。

我們要認識到在生活中，所有不樂於見到的事物，都無法從外面進行有效的改變，因為這些物與境都是我們內心世界的呈現，我們必須先改變內在的東西，然後外在的事物會自然產生變化。

人生所有的問題都要往內在尋找答案，想要改變世界必須由內而外。

如果我們清楚生命的資料庫——「意識體」運作的機制的話，你會發現改變心智的過程，並不會帶來多餘的負擔；你不需要跟任何人競爭，你只是在跨越過去「自己」所設定的障礙，這個過程不適合稱為「改變」，因為這意味著掙扎，應該叫做「還原」，恢復生命本來的狀態。

人的終極理想不在於向外探索，而是在於恢復本來就存在的真實面目，生命不只是有身和心，還有一個更重要的東西——本性。

身局限於大腦與感覺，心局限於思想與情緒，本性則是超越這兩者；而靈性是連接著心與本性的橋梁，因為從頭腦無法不經過心智而直接跳到本性。

每個人都有一個沉睡的靈性，我們可以效法佛陀等聖哲，擴大自我意識，唯有心靈才能引導我們通往恢復本來真面目的道路。人類的智慧會隨著意識的擴張而進化，唯有當靈性解碼之後，喚醒這個天賦本能，人才能看清事物的核心本質，也才能俱備正確生活的條件——問題在於你是否願意跨出第一步。

當我們有勇氣面對過去生命的陰影，事情就會浮現光明。放手讓超意識同化潛意識，將人生劇本轉換為幸福圓滿，導演由心智變成心靈，演員即是過去戴著面具的你。

本性是純粹的超意識——它沒有思想、沒有情感，無法研究。所以頭腦無法理解本性，心靈是一個中繼站，人唯有連結真實的本性，才算真正具有了靈性。

因此，你必須放下理性的知識，真如的本性就像太陽，生命中所有的傷害和煩惱，猶如天上的烏雲。太陽原本就一直存在，只是烏雲遮住了陽光。當一個人想不通的時候、痛苦的時候，就是烏雲遮住了心中的太陽，淨化意識才能走出陰影，把自己的心扉打開，陽光就可以照亮生命，活出光明燦爛的人生。

當我們有勇氣面對過去生命的陰影，
事情就會浮現光明。

四、意識汙染的源頭

這是一個資訊爆炸的時代，知識與科技日新月異，網路讓世界虛擬化，但是能讓人安身立命的智慧卻相對匱乏。大量資訊透過傳播媒體快速地流動，牽動著每一個人的日常生活，對於社會文化及個人心靈有顯著深遠的影響。

根據統計，目前全世界每年產出的資訊，比過去五千年來人類累積製造出的資訊還要多。現代人每天透過電視、網路、手機和其他媒體，接收的訊息約十萬個英文字，也就是大腦每秒要處理二十三個單字，人們要接收和處理完成這些訊息，平均每天要花十一小時以上。

近二十年間，人腦要處理的資訊每年以百分之五・四的速度增加中。如果以電腦記憶體容量來換算，每人平均每天會接受約三十四ＧＢ的訊息，差不多是一般家用電腦硬碟十分之一的容量，大腦超載是現代社會每個人都面臨到的嚴重問題。

在現今的生活中，資訊科技已是人類互相聯繫、建立關係、娛樂消費的主要工具，網際網路開始取代了家人及朋友變成我們的知己，電視、電腦及手機成為每個人日常生活的依賴品。

事實上，我們的大腦並不適合同一時間接收大量訊息和處理多項工作，縱然人類這數百年來已不自覺地大幅提升資訊處理能力，可是龐大的資訊如果沒有充分時間咀嚼並作出深入思考，將影響人的專注力及判斷力。

頭腦消耗的能量十分驚人，大腦約佔人體體重的百分之二，卻消耗了全身百分之二十的能量。這些能量消耗到哪裡去？有百分之九十以上都消耗在處理雜訊。

當人在用力思考時，全身血液必須提撥大部分的養分供給大腦，若每天面對洪流般的資訊時都隨之起舞，輕則勞心耗神，重則導致身心健康出問題，實在不可不慎。因此，我們最好只關注真正重要和需要被關心的問題，並過濾掉其他多餘資訊，才不會被大量的訊息影響到思緒，進而牽動到情緒。

數位時代的來臨似乎創造出一個比前人所知更多的世代，然而對資訊網路的依賴，正代表我們對真實世界的了解其實比前人更少，思想也變得膚淺許多。

知識經濟時代的來臨，讓我們隨時暴露在資訊洗腦的狀態之下，人類仰賴感覺器官來接收外部訊息，這些訊息會影響頭腦的判斷，其中又以視覺及聽覺對我們的影響最深遠。

凡具有刺激性的影像或聲音，若是不知不覺地沉浸其中，心靈會受到一定程度的影響，凡走過必留下痕跡，所有接收讀取的資訊都會儲存在意識體，形成日後思想的一部分。

特別是在台灣，新聞頻道密度堪稱世界第一，只有二千三百萬人口的海島，卻有數台二十四小時播放新聞的頻道。電視跑馬燈不斷從螢幕的四面八方跑出重複的新聞，為競爭收視率，節目內容充斥著暴力煽情、八卦炒作、扭曲人性、錯誤價值觀、族群對立等負面資訊，嚴重影響閱聽者的身心發展。

我們的意識體如同行車記錄器，一個人無論年齡多大，常常接收負面訊息，絕對不是件好事。而且任何具有攻擊性、情緒性的言語或畫面，這些資料都會直接轉化為雜訊刻印於內層意識，在這無形之中人就受到負面影響，未來遇到同樣的情境，可能會做出類似的偏差行為而不自知。

從來沒有一個時代，像現今的傳播媒體影響人類這麼深遠，媒體基於商業的考量，提供大量的物質與享樂訊息來吸引大眾，忽略正確的生命價值觀。一般人定力不夠，很容易跟著這種集體思維走而向下沉淪，我們要懂得保護自己及家人，過濾篩選對身心有害的資訊，意識不要被偏差錯誤的觀念給汙染。

你有多久沒有抬頭看看澄藍的天空？沒有踏踏青翠的草地？離開虛擬的網路媒體社群，嘗試著去接觸實體的世界，走出門去貼近大地，感覺會多一點，思考會深一點。

「為了讓生命發揮到極致，你必須守護心靈花園的入口，只允許最好的資訊進入；你實在無法負擔負面情緒這種奢侈的東西，一點也不能。」

——羅賓．夏瑪（Robin Sharma，作家）

人類的生命結構是一個肉體和精神體的組合，肉體與精神體之間有密切對應的關係；肉體是硬體，精神體是軟體，肉體有各種器官、組織及系統，精神體雖然無形無相可是也有器官、組織及系統，只是我們看不到，所以不認識它的存在。

印度古瑜珈將精神體的器官稱為「脈輪」（Chakra），此源自梵文，意思為「圓盤」或「輪子」的意思。

傳統吠陀文化認為「脈輪」存在於人體中，並掌管身心運作，以漩渦般轉動生命組織的交會點，是生命的能量中樞，負責接收和傳送大自然能量。它為身體與意識體連結組成了精密協調的網絡系統，在身體方面與各器官功能有關，在精神方面則對情感及心理方面都有關聯。

我們的肉體就像是一座精密的生物化學工廠，具有許多複雜的功能，在各個組織日以繼夜的運行著。人體細胞每分每秒都產生代謝廢物，其中肺臟、肝臟與腎臟，這三個器官都有執行排除廢棄物的工作，肺臟排出廢氣，腎臟排出尿毒，肝臟則負責解毒。

體內廢棄物的來源大部分是環境和飲食，少部分是體內新陳代謝的結果。如果廢棄物沒有排除，就會形成「毒素」，有毒物質會造成身體嚴重的負擔，引起組織功能退化，廢棄物無法順利排出會引起疾病，對健康有很大的傷害，甚至危害到性命。

人只要活著一天，肉體就會進行新陳代謝，產出廢棄物是必然的。既然身體有這樣的機制，精神體是不是也有呢？

身體的組織系統是封閉式的，而精神體是開放式的，例如：人的思想可以互相交流溝通。我們的精神二十四小時都在活動，思想經常在接收與傳遞資訊，日常生活與環境互動的過程之中，有許多精神上的交流溝通，這些活動訊息有正面的，自然也有負面的。

正面的訊息可以滋養心靈，讓人感覺愉悅，就像是一種精神的食糧。相對的，負面的訊息則會造成精神負擔，令人情緒不安，它就像是精神的廢棄物；因此毒素不僅存在於身體裡，同時也屯積在心裡。

這些精神上的毒物無形無相，它是一種負面能量。精神體在運轉過程所產生的廢棄物就集結在「薦骨中心處」，薦骨又稱仙骨，位於骨盆腔中央的倒三角形的骨頭，由五塊薦椎合併而成。

「薦骨」在人體中扮演非常重要的角色，這裡類似一個負能量處理場，如果我們沒有經常去清理，讓負能量排出，就會變成毒素來汙染身心靈。

人為什麼會煩惱呢？生活上的障礙其實來自於生命，它還有一個源頭，就是我們這個生命只要存在，只要持續的活動，就像工廠持續運轉，就會製造出廢棄物一樣，當這些精神體的廢棄物一直沒有處理，心理上就會感到煩躁或憂慮，等它延伸到汙染其他精神體器官，就會出現心理上的異狀，主要以煩惱為代表。

這些精神體的廢棄物，負面能量不像身體的毒素，屬於物質性的，可以透過飲食、營養來進行排毒，它超過我們的理解能力。現代的醫學是研究身體領域的專家，卻不是精神體的專家，人類這幾千年以來，偏重物質世界的提升，在精神領域幾乎沒有太大進展。

薦骨的英文是「Sacrum」這個單字的原意為「聖骨」。由此可見，它是相當重要的骨骼，可以說是身體的地基。同時也是左右人體神經系統的關竅，跟五臟六腑、呼吸、心跳的活動都有著密切關係。

人類這種意識體的汙染，即累積在薦骨的陰性能量，會直接影響到神經系統及大腦的運作。除了造成一個人的煩惱與痛苦，還會讓人思想產生偏差，做人處事判斷或抉擇錯誤，造成諸事不順、健康不佳等狀況。

正確處理它的方式還是要自己進行淨化，無法藉由外人之手，或經由外物協助，關於如何淨化後續會談論到，我們先來深入了解精神體的汙染來源。

古人的智慧告訴我們，所謂的「我」不過是肉身和精神的聚合體，佛陀稱為五蘊。蘊（Skandha）源自古印度梵文，是積集、聚合的意思；這裡用來表示構成生命的五種基本要素，即色、受、想、行及識。

色蘊是構成物質世界的基本因子；受、想、行、識四蘊，則是構成精神世界的因子，人就是五蘊聚合而成的生命體。

「色」相當於物質的概念，是肉體五種感覺器官——眼睛、耳朵、鼻子、舌頭、身體的感官作用；「受」是將感官和知覺合而為一的心理感受；「想」是思考、想法；「行」是行為、行動；「識」是意識。

五蘊總合起來就是人類的生理與心理活動，不論人們知不知道這種現象，它自從有第一個人類誕生以來就一直存在，我們出生開始與所有人、事、物的接觸，都是經由色、受、想、行、識的過程，最後只留下「意識」儲存在生命的資料庫。

舉一個實例：有些人喜歡看電視打發時間，遙控器習慣不停的轉來轉去，某一天轉到了購物頻道，看到主持人在介紹一樣特價商品，這就是「色」。

購物台的支持者說的頭頭是道，商品新奇功能又多，感覺很不錯，這就是「受」；接著，開始考慮要不要買，這就是「想」；突然間，主持人說折扣只到今天，而且名額有限，於是趕緊打電話去訂購，產生行動了，這就是「行」。

這個過程最後留下了一個「識」，這個識是什麼呢？一種電視購物的體驗。這個經歷讓一個人對這家購物台、這項產品的印象、感受，產出一連串的資訊，然後這些資訊被儲存在意識體裡面，變成思想的一部分，並做為未來消費判斷的依據。

人的身體跟精神體整天都持續在活動，自然會有廢棄物出現，沒有任何人例外，精神的廢棄物不是一種物質，所以無法檢測和量化。負面的意識是一種「質」、一種陰性能量，它的來源是生活中經過負面的五蘊作用所構成的意識。

我們的行為模式經過五蘊的運作程序後，不管是好的或者壞的，全部都會被保留在意識體，儲存在生命體。一個人的慣性思維，對某些事物成癮，也是透過這樣的流程養成的。

這種機制就像工廠的生產標準作業程序（SOP），只要是工廠就會進行製造，生產的過程就會有些無用的東西，這些東西就稱為廢棄物，例如：廢水、廢料、廢氣等。其中有一些可以資源回收再利用，沒有辦法回收的部分就要適當處理，假如沒有處理妥當就會造成汙染，這種汙染不但會危害到廠內的人員，也可能影響附近的環境變成公害。

同樣的道理，人類的生命體本身除了身體的部分會產生廢棄物，精神體的系統也會有廢棄物，透過五蘊的最後一個「識」，它是非物質性的，如果沒有處理也會產生汙染的現象，例如：頭腦昏沉、產生負面思想、觀念錯誤等情況。

生活中隨處可以見到，有些人總是不明事理、情緒暴躁、言行怪異，但是當事人自己並不知道。這就是一個人累積太多的廢棄物在薦骨中心部位，汙染了精神能量中樞。

包括一個人會判斷錯誤、說錯話、做錯事、憂慮苦惱等等，這些負面的思想、心理、行為，都是負面的汙染所造成的結果，可是因為看不到，科學無法證實，所以一般人無法發現也無法接受。

這些囤積在薦骨中心倉庫的廢棄物，其實它會慢慢排出，可是讓它自然排除的過程很辛苦，而且經歷的時間通常要很長。排除心靈毒素的感覺就像在受難吃苦一樣，這種過程在宗教上形容是在「消業」，所以人真的不能造業，後果都要自行承擔。

通常意識活動是以慣性的方式運作，因此，一般人很難改變既有的習慣，唯有透過生命修練的方法，才能有效清理並轉化負面的能量，而且避免持續再製造更多的汙染。

金錢並不是罪惡，
而是你自己被它束縛了，
如果欲望成為人生的主要目標，生命將被淪為手段，
最後被犧牲的是健康和幸福。

五、回應內在的召喚

從前有一個人，非常擅長學習各種技藝，他四處拜師學藝，每學一樣技術，總是能很快得到精髓。他看到別人射箭，就去學射箭，還學製造弓箭；看見別人彈琴，也去學彈奏各種樂器，他到山上學打獵，到海邊學捕魚，上山下海無所不學。

這個人雖然多才多藝，但心裡總是覺得仍缺少什麼，所以他就一直尋找各種名師勤加學習。幾年後，他覺得所學的東西已經沒有人可以比他更多且更出色了，他認為應該可以為人師了，於是就在一個地方定居下來。

他在住的村莊貼了一張告示，他相信沒有人可以展現比他更高明的技藝，表示願意接受任何人挑戰。果然，很多人前去與他較勁，所有的人都甘拜下風，並且願意拜他為師，跟隨著他學習，他的名氣因此逐漸傳遍了各地，最後也成為一位名家。

有一天，一位智者路過這個村莊，看到告示之後，就去拜訪這個人，同時跟他表明說：「你會的所有技藝，我沒有一樣比你精通，但是我有一樣是你不會的。」

這位名家覺得很懷疑，問說：「我參訪各地，該學的我都學了，天底下還有什麼是我不會的呢？」

智者就問說：「你快樂嗎？」這個人頓時愣住了，他知道自己並不快樂。接著又問他：「你有沒有煩惱？」這個人頓時不知道該怎麼回答，因為他為了保持天下第一，必須每天絞盡腦汁不斷地思考，如何讓自己立於不敗之地，所以內心不踏實，常常處於擔心、恐懼的狀態。

智者跟他說：「我有一樣技藝，你有嗎？」

名家半信半疑的說：「你講講看，是那一項技藝，如果我不如你，就拜你為師。」

智者告訴他：「世間的各種技藝都有它的特色，譬如，某一個地方盛產竹子，自然而然地與竹子有關的工藝就會發達；如果一個環境出產黏土，這個地區的陶藝就會發達。靠海的村落，捕魚造船的技術必然精通；而靠山的部落，則肯定善於打獵畜牧。」

智者問他說：「我們人所擁有的特質當中，你的特色是什麼？」這個人支支吾吾答不上來。

智者接著說：「我們每一個人都有一項共同的特色，我們擁有一個身、一顆心，這是所有生命體都擁有的，最重要的是我們有一個跟其他生命體不一樣的——人類靈性的智慧。」

名家問說：「什麼是靈性的智慧？」

智者回答：「人類擁有再高超、再多的技藝都沒有辦法跟所有的生命體比較。人再怎麼會游泳，都不會比魚好；再怎麼跑也不會比馬快，何況人再怎麼努力學也不會飛。不同的生命體有不同的專長，那是動物的本能，大自然賜給所有生命體用來生存的條件，所以擁有動物沒有的特質才是人類的特色，這個特質就是心靈的智慧。」

智者又說：「擁有智慧的人必須學習的技藝就是去發現心靈的存在，然後開啟靈性的智慧來調和身體，使之無病痛，調和內心，使之無煩惱，人生也就圓滿無遺憾！」

當下，這個人恍然大悟：「原來人類跟其他生命體的差別就是心靈，我現在才知道人原來擁有這種靈性的智慧，但我從來沒有去發現它。我縱然身懷各種技藝，卻總覺得不快樂，感覺人生缺少了很多東西，這樣的生活有何意義！」

在世間生活每個人都有自己的專長，但終究只是一種技術而已，反而生為人類最重要的——心靈的智慧，我們是否發現它的存在，是否已經開啟了？這才是我們真正要學好的技藝，認識靈性的智慧，用心靈來調整我們的身心的過程就叫「心靈教育」。

「生活就像是一面鏡子，生活是生命的投影；生命之美，在於開啟心靈；人生之最，在於心靈教育。」

——洪寬可（原古心靈教室創辦人）

當我們去滿足各種需求、追逐各種成就的同時，我們的內心也會有一股力量，想要去淨化心靈，恢復原本純真的本性。每個人都曾經擁有赤子之心，經歷過無憂無慮的靈性生活，雖然童年時間不長，也在意識體留下了美好的紀錄。

因此，當我們在追求功成名就的同時，內在也會有一股想要恢復赤子之心的力量，只是我們都只處理物質的部分，而忽略精神的部分，所以就常感到內在空虛。當我們為生活而奔波，努力工作的時候，很容易讓生命形成機械式的運轉，而看不到深層的自己。

不知道生命沒有意義，就好比肉體只是裝著欲望的靈魂，對生活失去熱情，就如同活著只為生存而活動的機器；盲目地跟著社會價值觀走，失去生命的價值，可以說是現代人的寫照。

一家大型企業的董事長，有一次因為急性肝炎住院兩個多禮拜，他表示在醫院那段期間真是感觸良多。首先，他說：「我發覺董事長的『身分』在醫院完全沒有任何作用，護士叫我做什麼，我都要照著做。」

其次，因為肝指數一直降不下來，他第一次覺得離死亡這麼接近。當他躺在病床上，頻繁地回想起過去的生活時，他發現，過去讓他感到得意的所有社會名譽和財富，在生命可能即將結束時，都變得黯淡無光、毫無意義。

他終於明白：「人的一生真正需要用的錢不多，應該有其他更重要的東西，也許只是一個兒時的夢想。無止盡的投入工作只是在滿足空虛，追求財富會讓人變得虛榮。」

金錢並不是罪惡，而是人習慣被它束縛，如果欲望成為人生的主要目標，生命將會淪為手段，最後被犧牲的是健康和快樂。

赤子之心是一種天性，順乎自然，合乎天性是人類的本能，這股力量會推動我們走向認識靈性的道路，只是我們的心太忙而不夠清靜，才沒有辦法讓心靈的力量，產生行動力變成實際的行為。

雖然人在面臨蛻變時，總會產生另一股抗拒的力量，但生命裡的亙古記憶仍然持續的召喚，它是人類的一種本能，只要有機會觸動到能解決生命難題的答案，想要恢復此種記憶的渴望便會甦醒。

心理學家榮格曾經提到「自性」（The Self）的力量，自性是我們內在完整的原型，可以為我們轉化生命；聽從內在深處的召喚，便要相信會有一個力量把我們帶向健康、完整，引領向圓滿的個體化歷程。

「個體化」不同於個人主義的自我發展，它是一個從自我朝向自性邁進的過程，是一生當中意識與超意識的整合連結，並逐漸徹悟的心靈修練。換言之，就是一趟生命自我實現之旅。探索人生意義與價值，還原成為真正的自己，這個概念其實就是我們老祖先所追求的「天人合一」之道。

假如我們不理會內在的呼喚，多數人真的是毫不理會，後果可能會變得嚴重。生活中總有一些時候會有這種召喚，尤其是在遭遇難題的時刻，忽視它不願改變，繼續因循苟且自欺欺人，那個聲音還是會回來。

它就像迴力鏢一樣，等到反彈回來，它的力量就更強大，開始具有破壞性，這時候後果就不堪設想。大自然會藉疾病、痛苦來提供訊息，讓我們注意內在的需求，你接收到了嗎？

來自內在的這一股召喚，我們一定要去仔細聆聽並且回應它，好好地處理它，不要忽視它的存在。

在日本及台灣曾經有多所小學讓學生分組進行實驗：準備三份等量的飯糰，分別放進三個瓶子裡加蓋，分為讚美組、批評組和忽視組三種不同的意念，每天早晚各對三組飯糰發出訊息並做觀察記錄，連續進行為期三十天的實驗。

讚美組：「你很棒」、「謝謝你」；

批評組：「你真差勁」、「你是個大笨蛋」；

忽視組：不發出任何意念。

實驗結果：最先有發霉現象的飯糰是忽視組，呈現偏黑色且有發臭的味道；批評組出現綠色的黴，讚美組的飯團除了綠黴之外，還產生了一塊紫色的黴，並發出一股淡淡的香味。

以上實驗最驚人的部分是忽視組所呈現的結果比批評組更糟，這意味著「冷漠」比批評的負面能量還要強大！

我們可以看到那些心靈匱乏的人，縱使賺進全世界還是不快樂，有些在社會上相當成功的人甚至選擇提前結束自己的生命，他們不是已經得到一般人夢寐以求的財富和地位了嗎？怎麼還會自殺？

原來，當一個人的終極目標鎖定在功成名就，努力奮鬥完成目標達到人生頂峰時，頓時就失去前進的原動力，不知道下個階段該何去何從，此時會感覺人生索然無味，而做出一些令人無法理解的事情，這是忽略精神領域沒有圓融處理的結果，也是人類生命體的平衡機制。

不管是處在什麼樣的地位，擁有什麼樣的財富，如果心裡空虛不安，這種生活無疑是對生命的一種煎熬。多數人的願望都是人生幸福美滿，但人們往往忽略了幸福其實只是點點滴滴的心靈感受；人不管物質生活充實或貧乏，只要身體健康、內心安寧，就是在過著幸福的生活。

生命自身尋求圓滿富足，恰如植物需要陽光雨露，我們的天性只是被遮住了，並沒有消失不見，只要願意起步去探尋真理，每個人的天賦本能會慢慢的再度展現。

生活在科學的時代，我們慣於吸收知識，卻遺漏了心靈的學習，漠視天賦的本能。世界上有些人已經發現自己的天賦能力，而且覺得自己正在從事天生就該做的事。然而，有更多的人還沒有找到這種感覺。因此，很多人活得並不愉快，只是無奈地過日子，一心只期待週末假期的到來。

而你呢？你找到你的天賦歸屬了嗎？

每一個生命體都有不同的天生才能，開啟心靈寶藏更是人類共同的天賦，這樣的驅動力，原本就深植在每個人的本性，它是人類意識中的「天賜」。這一場心靈運動的發展是個終生歷程，只要人活著就可以繼續成長，創造對社會正向發展有益的能量。

社會文明進步帶著人們走入物質生活，只專注於尋求個人欲望的滿足，代價卻是以壓力灌養身心，忘記生命的意義來自靈性的充實與成長。人類開啟心靈的重要性，更將教育體制所遺忘的道德修養與情緒管理做了一個最透澈的解答。

生命自身尋求圓滿富足，
恰如植物需要陽光雨露，
我們的天性只是被遮住了，
沒有因此而消失不見，
只要願意起步去探尋真理，
每個人的天賦本能會慢慢的再度展現。

六、現代教育扼制天賦

成長過程我們一路走來，不斷地接受家庭教育、學校教育與社會教育的薰陶，你可曾想過這些外界提供的常識、知識和學識是否都適合自己？根本而言，人會對這個世界產生偏見，歸咎其原因跟我們的教育有直接關係。

身教重於言教，而心教更重於身教，大人們二元對立的思維模式，慣常用評斷或比較來處事，孩童在家庭環境耳濡目染受到了影響。就像父母看到孩子讀書的成績高，就會好好的誇讚一番；反之，成績分數低就給予指責。

這些好與壞的標準，其實都是經由個人的主觀意識所判斷出來的，大人這些價值觀直接影響到孩子的人格發展。許多家長普遍性自以為樣樣都為孩子好的強勢教養，更會剝奪了孩子的自主性。

有一次在公園裡，一位媽媽帶著兩個小孩，這兩個小朋友大約四～六歲，哥哥跟妹妹在玩飛盤，兩個人興高采烈的互相丟著，突然間，聽見媽媽大聲說了一句：「這個漂亮」。

當時心裡納悶著，心想什麼漂亮？接著又聽到媽媽說：「太高了，哥哥這樣不行，給我丟低一點。」

這會兒我才明白，原來玩飛盤這件事，還有區分漂不漂亮，還要限制高度，或許這位媽媽別有用意，我們在這裡將它當成一個範例。絕大多數的小孩，都是循著父母的腳步來摸索這個世界，在大人的世界裡，連遊戲玩耍，都要有分別心。

我家有變形金剛，你家有閃電麥坤，他家有雷神索爾，比來比去，誰最厲害？心算比賽，小明贏小美；英文比賽，小英輸給小偉，誰最聰明？成人之間人與人的比較，從小培養我們爭輸贏。

我們幾乎都是在強調競爭的環境中長大，生活在這種教養模式下的孩子，為了迎合大人的價值觀，他們的心理從小就被制約，原本天真無邪的孩子，漸漸地失去了童心，失去人的自然本性。

「我們的科技、我們的經濟和我們的社會，全搞錯了方向，以至於無法讓我們感受到『有意義的富足』。鞭策我們進步的動力，全建立在不斷擴張物質需求之上。為了追求今天的美好生活，我們正一步步地，侵蝕著明日幸福的根基。」

——提姆．傑克森（Tim Jackson，英國政府永續發展顧問）

人類的農業時代橫跨了幾千年，卻在一場發生於十八世紀末～十九世紀的西方工業革命後，被徹底改變了生活方式。機械的運用及工廠的出現，透過大量生產，促進了商業貿易與經濟發展，豐富了人們的物質生活，經濟成為推動社會的最主要動力。

政治與經濟結合形成資本主義，以追求利潤為國家目標，造就個人主義的興起，改變社會族群的互動模式，從和諧互相聯繫的整體，變成強調生存競爭的利益關係。

人類傳統科學觀最深植人心的發現，無疑是達爾文的演化論。他的代表作《物種起源》指出：演化是生存競爭中自由淘汰的結果，環境沒有足夠資源來分配，只有最適應環境的個體才能生存下來延續族群，此理論涵蓋從低等到高等所有的生物。

然而，達爾文的「物競天擇」經常被過度解讀為「適者生存，不適者淘汰」；其實，演化論所強調的物種變化是對所處的環境趨於穩態，這是一種物種的進化，而不是物種之間的生存競爭。

這個概念一旦被誤解，就會成為生存即是戰爭，勝者為王、敗者為寇，個體或族群的存亡必須有所犧牲，這是非常可怕的觀點。事實上，我們已經可以看到經典被誤用所帶來的災難。

當人類的思想普遍認為，所有生物存在的價值乃基於自私的觀點，延伸到社會文化層次；生物學與經濟學緊密地結合，「掠奪市場」成為正當的社會活動，經濟成長儼然是國家的信仰教條。因此，地球的自然資源開始被大量開發，全世界幾乎都被欲望所覆蓋。

以工業化及資本主義為主導的國家政策，為此經濟需求而設立的教育體制，需要的是科學與商業能力，目的在培養工程、科技、數學、語言、管理等類型人才。

資本主義的社會以「競爭」為核心，教育系統的設計則以制式測驗為制度，教育資源絕大部分都投入在擁有高智商和資質優良的學子身上，關於人類心靈、藝術文化、生活美學等領域，皆受到主流學術文化的漠視，嚴重扼殺人類各種天賦本能。

全世界幾乎所有的基礎教育體制，都有學科分層及能力分級，最上層是數理類，中層是語言類，最底層則是人文類，學校裡幾乎不存在心靈教育。在上述系統裡還有等級層次，以人文類來說，美術和音樂在學校的地位，要比戲劇和舞蹈還高一些。

現代教育體系以培養對商業及科技的學科為主流，孩子們在長大的同時，他們所接受的教育內容，從全身體感逐步轉移到大腦，限制與生俱來的創造力，從靈性變成理性，也斷絕與大自然的活動聯繫。

許多孩子感興趣的事物，多數在大人眼中是沒用的，從小就常聽到大人說：「別做白日夢了，興趣又不能當飯吃！」這句話其實是被扭曲了。

事實上，世界各個角落都存在著把興趣當飯吃的人，每個人都有喜歡做的事，這就是所謂的興趣，一般不能把興趣當飯吃的人，通常是將喜歡做的事停留在休閒的層次上。

能夠把興趣當飯吃的人，會把興趣提升為才能，不斷訓練自己的能力，就算過程遇上困難也會想辦法克服，將喜歡做的事變成擅長做的事，經由磨練做到極致成為專家。因此，能夠把興趣注入使命升級到天賦，興趣真的就能當飯吃。

教育的最終使命，是使每一個人都能夠充分發揮自己的天賦才能，以達成人生的目標與生命的意義。但是，被包裝成多元價值的升學主義，實際上培養出多少真正能學以致用的人才！

「天生我材必有用」，造物主在創造生命之初，不分出身高低、貧富貴賤，必定賦予天生的才能。許多孩子具有才華與創意卻鬱鬱寡歡，因為在這樣的教養環境裡面，他們的生命價值實在難以展現。

一八四七年，出生在美國俄亥俄州的愛迪生從小就是一個過動兒，好奇心十分旺盛，遇到事情總喜歡問為什麼？如果無法得到令他滿意的答案，他就不停的追問，甚至纏著大人不放，使大人根本沒辦法做其他事。因此，周圍的大人都覺得他是個「吵鬧的孩子」。

有個關於他「調皮」的例子，第一次看見母雞孵蛋，他問這是在做什麼？母親說這是母雞用自己的體溫在孵蛋。有一天愛迪生突然失蹤了，大人東找西找才發現他趴在草堆裡，懷中抱著幾顆雞蛋，問他在做什麼？他回答說：「在孵蛋」大人笑得淚花四濺。

上小學後，有一回老師在教算術，在黑板上寫2＋2＝4，他立刻站起來問，為什麼等於4，引起全班哄堂大笑，老師也說不出個所以然，因此氣得大罵愛迪生糊塗蟲。

在學校愛問問題的愛迪生，經常讓老師很惱火，於是學校把愛迪生的媽媽找來，老師當面數落她的兒子：「他腦子太笨了，成績差得一塌糊塗，總是愛問一些不著邊際的問題，我們真教不好你這樣的兒子。」

愛迪生的媽媽聽了這番話，對於學校和老師不試圖了解孩子的行為動機，感到十分氣憤。曾當過教師的母親認為這樣的老師哪能教好學生，便憤而辦理退學，打算在家教愛迪生讀書，於是小學三個月就變成了愛迪生的學歷。

母親開始在家中教導愛迪生，她仔細觀察這個孩子，發現兒子對閱讀很感興趣後，就給兒子買了一些經典名著及百科全書，因此啟蒙了愛迪生。她還發現他在做事時，有著驚人的專注力，就勸丈夫把家裡的小閣樓改造成兒子的小小實驗室。

因為有一個不怕被問「為什麼」的母親，在她的基礎教育下，才使原來被人認為是過動兒，而且只在小學待過三個月的愛迪生，成就許多偉大的發明，為人類社會發展做出了極大的貢獻。

多少的家長真正了解孩子的適性？如果你們家中也有個小愛迪生，你又會怎麼做？任何人在某項領域都可能是一個天才，只是往往在制式的教育下，這份天賦還沒有發芽就無疾而終了！

「我學習最大的阻礙，正是我所受的教育。（The only thing that interferes with my learning is my education）」

——愛因斯坦

享譽國際的教育學家羅賓森博士指出，每個孩子們都擁有神奇的創造力，都蘊藏著巨大的天資，可是我們的教育系統卻無情地埋沒了他們的才能。他舉了兩個例子：

第一位叫科爾賀。他從十幾歲就渴望當作家，但他的父母認為寫作只是閒暇之餘的活動，科爾賀的職業應該是要成為律師。由於科爾賀不聽父母勸告，執意繼續寫作，他的父母竟然把他送進精神病院，試圖把他導回正途。

即便如此，科爾賀仍然創作不懈，終於以《牧羊少年奇幻之旅》成為暢銷書作家，著作被翻譯為六十幾種語言。以科爾賀的聰明才智或許他奉父母之命成為律師也會很傑出，但他的夢想是寫作，縱使父母無所不用其極，他仍然專注於自己的天命，成就了自己。

我們需要完整的發揮天生的本能，如此不僅能促進身心健康，還能使人類社會更為健全。教育原本應該要啟發這些本能，但是從種種的跡象來看，事情並非如此。

許多人走完整個教育過程，卻不曾發現自己真正的天賦，直到離開了學校，並且從所受教育的傷害中康復之後，才終於找到自己真正能力之所在。如果剛好我們也是受害者，在成長的過程當中曾經失之於偏，那麼更應該讓這種傷害到這一代為止，不要再延續到下一代。

泰戈爾說：「最理想的教育，不僅是從智力著眼，更必須透過心靈教育，使孩子變得更敏銳、文明，更加寬容、仁慈。」照顧孩子最好的方法是營造一個適合他成長的環境，然後陪著他走過去。

我們在培養孩童智力與能力的同時，也應該關心孩子的心靈，相信在他成長過程中天賦的展現，將會帶給家庭無限的歡樂，而不是一連串的怨懟與折磨。

另一位吉莉安才八歲，前途已經出現危機，她總是遲交作業、字跡潦草、功課也一塌糊塗。不僅如此，她經常無法在上課時安分坐在自己的位子上，總是動來動去發出噪音干擾鄰座的同學，或是猛盯著窗外看，老師不時得被迫暫停授課。

最後校方認為吉莉安可能有某種學習障礙，只好建議家長轉往特殊教育學校。吉莉安的父母懷著忐忑不安的心帶她去給心理醫師診斷。醫師仔細詢問她在學校的情況，在了解問題癥結後，安撫吉莉安先乖乖待在諮商室裡，讓他跟她的母親單獨聊一聊。

心理醫師把諮商室的收音機打開，然後將吉莉安的母親帶到另一間房間，從窗戶偷偷觀察吉莉安在房間做什麼。沒想到，吉莉安竟在房間裡面隨著收音機音樂跳起舞來，優雅的舞蹈動作渾然天成，彷彿她天生就是個舞蹈家。

最後，心理醫師轉頭對著吉莉安的母親說：「你的女兒沒有病，她只是有舞蹈的天分，帶她去上舞蹈課吧！」吉莉安的母親真的按照醫生的建議去做，她開始每週上舞蹈課，每天在家裡練舞。接著到倫敦的皇家芭蕾學校考試，通過入學許可，之後還進入皇家芭蕾舞團，成為獨舞者，跟團巡迴世界各地表演。

這個階段的生涯告一段落後，她又成立自己的舞團，製作一系列成功的音樂劇，包含《貓》與《歌劇魅影》。原本前途充滿危機的吉莉安，人生從此轉了一個大彎，靠著天生的才華，持續不斷的努力，最後成為享譽國際的舞蹈家。

原來，吉莉安不是問題兒童，她只是需要展現真正的自我。人類都有與生俱來的豐富創造力、情感、靈性，包括肉體與精神的知覺；但是一般人都只使用了天賦才能的一小部分，甚至完全沒有機會發揮。

許多人沒能找到天命，是因為不認識自身蘊藏的力量，不了解人類有多少成長與改變的潛力，對自身能力的狹隘視野，來自同儕團體、文化環境、自我期許等因素，而使問題更加複雜。

不過，每個人必定都深受影響的一大因素就是——教育。現代教育系統灌輸給學生的智力與能力侷限於非常狹隘的範圍，卻高估了特定的資質與才能。

吉莉安就表示，當她開始跳舞之後，所有的學科都跟著進步了，原來她是屬於必須舞動身體才能思考的族群。很可惜，多數孩童並沒有那麼幸運，遇到一個像吉莉安的心理醫師這樣的人，尤其是處於目前醫學發達的時代，如果孩子過於躁動，大人就會餵他吃藥，然後叫他不要亂動。

羅賓森博士在《讓天賦自由》一作中強調，將喜歡做的事與擅長做的事能夠互相結合的狀態叫做「天命」。找到你的生命的熱情所在，一切都會改觀，許多人把熱情拋在一邊，從事不熱中的工作，只為了獲得物質面的安全感。

實際上，我們為了維持生計而接受的工作內容，很可能在未來數年之內，被外包給成本更低廉的機構。人生非常的短暫，如果我們沒有認真思考，發展自己真正的才能，到時候仍然將重新歸零？

人一定要設法讓自己的天賦與熱情結合在一起，因為一個人是否找到歸屬的天命，與自我認同、生命意義、身心健康息息相關。這個過程不只是為了獲得個人的成就感，而是可以讓人類社會在不斷演進的大自然活動中永續發展。

每一個人都有天命，任何人都應該尋得天命，從探索一直到發現天命的過程經驗稱為「頓悟」。首先，了解自己俱備的天賦，是尋得天命的關鍵之一，世界上之所以有許多人沒有找到自己的天命，是因為他們不知道自己的天賦是什麼。

天賦與個人的身心結構有關，是我們與生俱來的才能，有一部分的天賦，在很小的時候就顯現出來了，而其他的天賦可能一直潛藏在生命的深處，可是接受太多的知識，以及教育反而限制了這些天賦的展現。

天命歸屬其實有跡可循，最明顯的就是自由與踏實的感受，當一個人從事自己熱愛且擅長的工作，覺得自己做著天生該做的事，也成為天生該成為的人，這就是歸屬於天命的狀態。

沒有可以告訴我們，這個獨一無二，能激發生命熱情的天命會是什麼？它不一定是你的職業。答案，需要往自身內在尋找，回到心靈的原點，傾聽你內心的聲音。

每個人最偉大、最精采的作品，就是活出真正的自己。回應內心最深沉的呼喚，認識真正的自己，找到自己的天賦，激發無以倫比的生命力，同時也幫助別人找到他們的天命，這就是一趟最有意義的自我實現之旅。

「與智慧相伴的是真理，智慧只存在於真理中。」

——培根（Francis Bacon，英國哲學家）

學校考試的一百分，無法成為生活的一百分，很多人擁有高學歷，卻不懂得如何與人相處；事業輝煌的成就，無法為家庭帶來和諧，很多人擁有財富地位，卻喚不回婚姻親情，銀行存款數字再多，也買不到健康快樂。

求知的目的是為了認識事物的原理、尋找人生的真理。然而，知識在書本之中，智慧卻在書本之外。每一種知識都會開啟一扇窗，同時也會在心中裡築起一道牆。

知識雖然是力量，但它具有正反兩種力量。知識像是一把雙刃刀，具有讓人進步和退步的雙重特性。知識會讓人有先入為主的思想，每一種主觀想法都是一道阻礙我們認識真實世界的高牆。

知識障礙不是沒有知識，反而是太豐富的學問成為開啟另一片天空的障礙。每個人與生俱來都擁有心靈的智慧，只是我們被蒙蔽了，因此我們開始追求真理，但在這個過程中，我們還是把真理當成知識來學習，反而又成為前進的障礙。

如果一個人心念不正確，那麼學習越多知識，則越容易產生偏見的思想。更何況真正的智慧不是從外面學習獲得而來的，開啟悟性必須超越知識。

禪宗六祖惠能大師由於父親早逝家境貧窮，沒錢讀書所以不識字，是一位靠賣柴為生的樵夫。

有一回，他送木柴到一家客棧時，聽到一位客人在誦經。他對於經典的內容有所感悟，惠能便問客人：「這部經典是從那裡得到的呢？」

客人回答：「這是我從蘄州黃梅縣東禪寺請來的，該寺的住持弘忍大師常勸人要持誦《金剛經》，就能見到自己的自性，直下了悟成佛。」

惠能頓時生起前往東禪寺求道的想法，可是家中的經濟狀況不佳難以成行。後來經一位客人的鼓勵贊助下，安置了老母之後，千里迢迢走了三十多天，終於來到黃梅拜見五祖弘忍大師。

五祖問說：「你是那裡人？來這裡想要求些什麼？」

惠能回答：「弟子是嶺南新州人，遠來參禮，只求作佛。」

五祖說：「你是嶺南人，又是獦獠（當時對南部少數民族的貶稱），那能作佛呢？」

惠能說：「人雖有南北之分，佛性卻無南北之別；和尚與獦獠兩者身雖不同，但是佛性又有什麼差別呢？」

五祖聽聞便知惠能是大根器者，但是擔心他遭其他人嫉妒，於是先安排他到後院劈柴搗米。

經過了八個月，剛好五祖要傳法退居，就讓門人各做一偈語，以表自己在修行上的見地。在所有的弟子之中，惠能的偈子獲得五祖的認可，並繼承其衣缽，這個時候他還未出家，還是個在家居士。

五祖傳法時再次為其講解《金剛經》，至「應無所住而生其心」聽到這裡時，惠能當下開悟到「一切萬法，不離自性」，接著他說了一段偈語：

何期自性本自清淨，
何期自性本不生滅，
何期自性本自具足，
何期自性本無動搖，
何期自性能生萬法。

六祖傳承了禪宗法脈之後，惠能大師開悟後起修，待在獵人隊生活，十五年之後開始出家弘揚佛法。

開悟的境界超越了思想、文字、形象，所以無法推理研究。一般而言，掌握更多的知識有利於認識新的事物，然而人們卻在慣性思維的作用下，無法跳脫舊有的知識，變成無法接受新知。

人類心靈的智慧和人們後天所學習的知識並沒有本質上的聯繫，現代人處在資訊爆炸的環境，個人價值觀容易受到知識、教育、經驗、社會因素的制約，反而失去自然本性。

現代教育把我們每個人都訓練成為高知識份子，可惜這些學問只儲存在表層意識且影響我們的知覺，每個知識份子都無意識地被集體濁流汙染了自性而不自知。

知識學問固然重要，但還須超越以自我為中心的思想，靈性的本來面目是超越意識，那個不生不滅、虛空寂靜的場域是深層的海底，我們能感覺的活動只是波浪。

生命的真相往往與感官的經驗存在極大差異，智慧還沒有啟發出來的人，總是生活在感官的層次，容易執著於虛幻不實的物與境，而產生大腦直覺的反應，結果所思、所言、所行皆被表象迷惑，或被外在環境誤導，以致像走入迷宮的情境，被種種知識堆疊的城牆圍繞，找不到生命真實的出口，無辜地把自己推到痛苦的深淵。

人生不是一場競賽，而是一趟自我實現之旅，人類的學習是一種制約過程，不小心就會誤蹈心智陷阱，唯有透過深思慢想轉化我們的慣性思維，破除知識帶來的認知障礙，才能看清世界的真實面目。

七、超越科學性思維

有一位中年人因視力狀況不好，耳朵又重聽而找不到工作，於是就在家裡開了小吃店，雖然正逢經濟不景氣的年頭，可是他的生意還算不錯。

他的眼力不行，因此無法看報讀書；他的聽力不佳也難得和朋友們聊天，對於外界的資訊都不甚了解，所以不曉得景氣的情況。

他把店的門面漆得漂漂亮亮，在路邊豎起廣告招牌，店裡的東西物美價廉，吃過的人都讚不絕口，客人替他廣為宣傳。

中年人工作十分勤奮，賺了錢把兒子送進大學就讀。兒子在學校中選了經濟學的課程，對於整個世界經濟的動態瞭若指掌。

有一年過節兒子回家度假，看到店裡面生意依然興隆，就對父親說：「爸爸，我們這個地方有點不對勁！」

爸爸問：「哪裡出問題了？」

兒子說：「我們家的地段，不應該有這麼好的生意呀，看你做的這麼愉快的，難道你不知道現在外頭的景氣問題有多嚴重嗎？」

接著，兒子就把全球經濟蕭條的前因後果，費力的解說了一遍，而且每個國家都在拚命的緊縮財政。

父親聽到兒子說的這些消息後，大受影響，心裡也跟著緊張起來。他說：「外頭正鬧著恐慌，既然如此，我今年不再重新整理門面了，還是省下一些錢來比較好。還有麵裡的肉片應該縮小一點，湯也不需用新鮮蔬菜熬煮，就直接買湯塊來調製就好。」

「再說，既然人人都缺錢，廣告招牌又何必每天開燈浪費電費呢！」於是把過去各種積極性的工作都停了下來。

過了一陣子，小吃店的生意果然一落千丈。

當他那位學經濟的兒子在假期又回到家時，父親對他說：「孩子，我要謝謝你告訴我關於不景氣的消息，那是千真萬確的事，連我們的小店也感受到了，我讓你受大學教育實在太有用了。」

一個人的成功通常來自於觀念與態度，而不是靠吸收別人的想法，或套用他人的模式。人的慣性思考有各種盲點，幾乎任何人都有，而且每天都在影響著我們的生活，問題是很少人有自覺。

你應該有過這樣的經驗，廠商在飲料包裝上，印上新鮮水果的照片，目的在讓人聯想到天然健康，自然不會去深入了解是否含有人工成份，類似這樣的現象在生活中屢見不鮮。

人是十分情緒化的動物，我們的一生都會受到心智的影響，人類的心智一旦被制約，就會像是一台精密的自動反射機器，因此許多科學家才會認為人的思想不過是大腦神經傳導物質活動的產物。我們可以吸收外界的資訊，但是一定要具有洞悉與內省的能力，才能突破思考上的盲點，將知識轉化成自己的經驗。

「放下知識，便是智慧的開始。」

——中東古諺

現代教育使人建立起堅固的科學性思考邏輯，科學的歷程在於不斷探索未知，其發展在人類的歷史中不過幾百年，被印證的時間很短暫，因此科學才會不斷地被翻新，它是有限的知識，就像牛頓的機械式定律也已經被推翻。

科學最常去探討事物與事物之間的關聯，為了描述事物的本質和關聯，科學家就要發展一些理論去描述，然後利用實驗去驗證，如果實驗和理論相符，有一群支持的人就把該理論當作是對的；反之，如果實驗證據不支持，就要發展更多更新的理論。

科學在物質世界或許很有用，但人的生命是肉體帶著精神體在生活，肉體屬於物質面可以用科學驗證，然而在精神體的層面，科學還沒進步到可以完整了解人類的精神體運作方式，例如：親情、愛情、友情、如何用科學方式處理？

如果我們事事只用證據來評斷，世界上有太多無形的東西將被忽視，譬如：愛與關懷。科學講求理性分析、凡事要實證的特性，在某些領域確實為我們帶來了便利性，可是一個人如果以科學為主要思維來生活，很容易變成一個無情冷漠的人。

所謂「天外有天，人外有人，法外有法，理外有理。」現在的科學所能解釋的大自然現象，只佔非常小的一部分，就像地球的氣象變化，只是宇宙活動的一小部分的現象而已，而且邏輯性思考只是人類表層意識的作用，從整個宇宙來看是微不足道的。

宇宙間充滿了各種活動，地球不過是幾千億個星球之一，人又是幾十億人口之一，這個地球上每天在發生的事情，有百分之九十以上是無法用科學解釋的。

我為什麼會出生在這個家庭？今天怎麼會在路上遇到某某人？為什麼會看到這本書？這些都不能以科學角度去思考，科學主要在解析「量」的世界，很難理解「質」的世界，更何況有太多事物超越質與量。

人類的心智是有極限的，我們習慣於用人的角度來看待事物，只要無法以科學方法證明，就認為事情不合理，但科學並非是真理，很多不合乎科學的道理，事實上卻是合乎天理。

科學不是萬能，科學能製造飛機和潛艇卻不能創造生命；人類只能繁殖與複製生物，直到現在人們無法原創出一個活的細胞。科學可以幫助社會分析犯罪，卻不能讓人遠離罪惡的行為，提升人類的良知道德；科學雖然可以治療身體上許多的疾病，但無法療癒心靈的創傷。

當一個人想要清楚掌握、想要明確化，這樣的想法只會阻隔我們進入心靈世界之門。因此千萬別因小失大，不要讓這些科學性思維阻礙了人類跟大自然與生命本源聯繫的管道。

愛因斯坦曾說過：「要打破人的偏見比崩解一個原子還難。」讓我們也清空腦袋放下既有已知的觀念，以超越科學的概念來看世界。只要跳脫這種思維，試著從不同的角度看世界，就會發現生活上很多領域的視野都打開了。

一個人的成功通常來自於觀念與態度，
而不是靠吸收別人的想法，
或者套用他人的模式。

八、全息宇宙

現代物理學家告訴我們，所有的物質都是由原子組成，原子又是由電子以及原子核所組成的，而原子核是由質子與中子所組成的，質子與中子又分別是由夸克以不同的方式組成的。

夸克和電子似乎是沒有內部結構的粒子，因此它們被稱為基本粒子。基本粒子被科學界認為是一切物質的基本組成單元，就像英語單字的「字母」一樣，目前發現的基本粒子已有數百種。

如果將任一物體分解到極微小至電子、質子的地步，它們就不再具有物質的特性，它們就像是一團能量而非物質，以波動的方式分散在空間中；任何物質既是波動又是粒子，這就是量子力學的「波粒二象性」。

古典物理學中，波就是波，粒子就是粒子，但波粒二象性告訴我們，自然界沒有單獨存在的波動，也沒有單獨存在的粒子。波動與粒子總是成對出現，不過我們一次只能觀察到其中一面，由於這個概念違反人類的直觀想法，才使人們視而不見。

目前許多科學家正前仆後繼地發表最新研究，一再推翻長久以來被奉為主流的傳統科學，他們用實驗證明告訴我們——真實的世界，跟你看到的不一樣。其實很多深奧的理論，最基本的概念總是很簡單，何不試著從一個嶄新的角度來認知我們存在的世界。

一九八二年，法國物理學家艾倫．愛斯派克特（Alain Aspect）的研究團隊完成一項實驗，證實了微觀粒子之間存在著一種叫作「量子糾纏」的關係。

什麼是量子糾纏？它是量子、粒子之間的連接，是宇宙的結構單元。這個實驗發現一旦兩個粒子發生糾纏，當一個粒子發生變化，立即在另一個粒子中反映出來，不管它們是在同一間實驗室，還是相距數億光年，均可在瞬間從宇宙的一端傳到另一端。

譬如，現實生活中假如要移動一顆石頭，就得直接動手搬它，或是拿東西去推它，也就是說東西要緊靠在一起，才能發生直接影響，這種方式稱為「局部性」；但是，量子糾纏的「非局部性」現象顛覆了這種常理，如果A不在B旁邊，但卻能影響它，不需觸碰或觸碰連鎖動作的其中一步，就可能對B造成影響，反之亦然。

這意味著台北某一個人在微笑，而另一個在紐約跟他有連結關係的人也會跟著一起笑，中間完全沒有透過任何物體的連結，例如：電話、網路聯繫。

量子糾纏是種非常奇特的物理現象，無法用一般的語言加以描述，但是卻隨處可見，舉例來說，有時候我們不經意間突然想起某位許久不見的朋友，結果沒過多久這位朋友就出現了，這種人與人或人與動物之間的心靈感應，就是它的作用之一。

我們的生活經驗裡，只有接觸得到的東西才會直接影響我們或受到我們的影響，因此這個世界似乎具有「局部性」。然而，量子物理學透過「糾纏」的性質，使兩個粒子不需中介就可互相同步，展現出超距作用，這種非局部效應不僅顛覆常規，對狹義相對論也造成了嚴重的挑戰，物理學的根本也為之動搖。

「人類天性的最根本特質，是深層連結而非競爭——我們不會想要孤獨生活和自私地存活。人類存活需要合作關係，當我們孤立於他人或連結感之外，會經歷到最大的精神壓力和最嚴重的疾病。」

——琳恩．麥塔格特（Lynne McTaggart，作家）

關於宇宙與萬物的關係，美國的物理學家大衛．玻姆（David Bohm）進一步指出，儘管宇宙看起來具體而堅實，其實宇宙只是一個幻象，像一個巨大而細節豐富的全息相片。

他提出了全息宇宙理論的觀點：「宇宙的每一部分亦包含其整體。……我們身上的每一細胞都包含了整個宇宙。每一片葉、每一滴雨、每一粒微塵亦然。」

全息理論的核心思想是，宇宙是一個不可分割的、各部分之間緊密聯繫的整體，任何一部分包含整體的訊息，也就是說整體包括在部分之中。世界的最根本層級，可以說是一片糾結相依的複雜網絡，沒有一件可以稱作是真正獨立的個體。

全息論表明了宇宙是個不可分割的整體，物體在冥冥之中存在著聯繫，整體大於個體之和，這說明了實證科學的基礎是有缺陷的，這種現象抵觸了我們對世界最根本的直覺認知。

「全息」一詞是借用全息攝影照片被撕碎後，每一塊碎片仍能完整地顯示被攝物全貌這一特性。人類發明了全息攝影技術，這是一種用雷射光束做出的三度空間立體攝影相片，全息照的像不是物體的形象，而是物體的光波產生繞射的振幅及相位被記錄於底片上。然後用激光照亮這個相片，就能重現物體原貌。

它獨特的地方在於，全息相片的每一小部分都包含著整個相片的完整影像。假如將全息照片撕成碎片，每一塊小碎片在激光的照射下，仍然能顯示出整個物體的影像。也就是說每一碎片都是本來的整體的縮影、貯存著整個物像的全部訊息，故簡稱為全息。

全息理論提供給我們一種對事物認知的新視野，世界的每個局部似乎都包含了整個世界，日常生活中可以發現我們生活的領域其實都有這樣特性。

如果將一根磁鐵棒折成幾段，每個磁棒的南北極特性依然不變，每個小段是它原來整根磁棒的全息縮影，或者是一面鏡子破了以後，每一面小碎片仍然能夠被當成鏡子使用，每一塊鏡子的一部分都可以看成整面鏡子的全息縮影。

在這個宇宙之下，每一個物體，哪怕是一個小小的電子，都包含了整個宇宙的資訊。真實的宇宙還有更深的層次是目前科學無法覺察的，那可能是一種超過現有空間及時間，更複雜的超級或多重宇宙！

人類一直在努力尋求生命起源的答案，然而它其實並不需要飛往外太空去尋找。以全息的角度來看，不管是超級或多重宇宙，抑或我們已知的宇宙，一切萬有萬物都是相互關聯的，所有的基本粒子都是不可分離的一部分，而是更大整體的一個小片段，萬物皆為一體。

西方醫學之父希波克拉底（Hippocrates，約西元前四六〇～三七七年）指出：「如果有人即使在身體很小的部分引起損害，全身都感到痛苦，其所以如此，是因為在身體的最大部分中所存在的事物，也同樣存在於最小部分中，這個最小部分本身具有一切，而這些部分是相關聯繫著的，能把一些變化傳播給所有的部分。」

他還說：「人有什麼樣的眼睛，就有什麼樣的身體。」這些論述顯示了古人早已知道人體局部結構是整體的全息縮影。

中國大陸學者張穎清也發現生物體在結構和組成方面具有相似特徵。他將其表述為生物體的任一部分都好像是整體的縮影，並將這一規律稱為「生物全息律」並在知名期刊《自然》雜誌發表。

張教授指出：「生物的任何體細胞都具有與起始細胞相同的一套基因。」即生物的每一細胞、每一相對獨立的局部都反映出生物整體的訊息，生物體與其部分、部分與整體之間有著全息的對應關係。這種對應性和相關性不僅表現在結構上，還表現在更廣泛的生物學特性上，比方在生理、病理、生化、遺傳等方面。

人類作為一種生物，當然也符合全息律，人體的全息單位遍佈於全身，脈診、面診、舌診、耳穴，針灸穴位、手足反射區等皆由一局部反映了整體的訊息，是整個人體的縮影。

人的受精卵和發育成的各種細胞相比較，其DNA是相同的，人體的每一個細胞都包含了全部的遺傳訊息。生物全息的含義是生物體每一相對獨立的部分，在化學組成的模式上與整體相同，是整體比例的縮小。

「於微塵中，悉見諸世界」
——華嚴經

任何一個生命體都是宇宙整體的縮影，儘管生命的型態有天壤之別，但是地球上所有的生物，包括人體的基本結構都是由細胞組成的，在它們身上也可以找到和人體一樣的訊息。

例如，生物的細胞幾乎都含有蛋白質的成份，蛋白質就像身體的磚塊一樣不能缺少。蛋白質又是什麼東西組成的呢？蛋白質是由胺基酸所組成的。

人體中常見的二十多種胺基酸，若經由體內的機制組合，就變成蛋白質最原始的結構，也就是一堆胺基酸串起來的樣子。之後蛋白質還會自己摺疊成為特定形狀，才有特殊的功能和活性，在身體裡面扮演特殊的功能，像是成為某一種酵素等等。

一般人體的細胞具有細胞膜、細胞質、細胞核。在細胞核裡面有染色體，是由一些蛋白質和ＤＮＡ所組成的物質，並攜帶著遺傳的密碼——ＤＮＡ的中文名稱叫做「去氧核糖核酸」，我們肉眼看不到ＤＮＡ，只能透過顯微鏡觀察，染色體上面的ＤＮＡ排列，就是所謂的「基因」。

因為ＤＮＡ攜帶的鹼基不同，就代表著不同的編碼，可以透過身體裡面的機制來製造不同的蛋白質，發揮不同的功用，所以又稱為「基因密碼」。

人類的DNA共有四種核鹼基，生物學家以簡稱為A、T、C、G的四個字母來代表。因此DNA一連串的編碼，例如：AGTTCGATTAGATTC，就可能是一段基因密碼，代表將來要製造的某一種蛋白質。

人體細胞基本活動DNA中的四個核鹼基，是生物數據資料的編碼單位，類似電腦程式原始編碼使用的0及1。

人體就像是一組大型資料庫，DNA是靠著編碼及解碼在運作，每一個細胞都存在著整體生命訊息，全息著整個人體資訊密碼。如同一顆植物的種子，就含藏著整棵植物成長的資訊。

傳統科學總是將某一物質的整體，看成是由個體組成後相互運作的結果，而最新的科學已顯示，個體就是整體的分身，個體的行為雖然是整體組織的運作的一部分，但是也俱備整體的資訊。換句話說，在浩瀚的宇宙中，每一個生命都參與了創造，也正在被創造。

詩人在一粒沙裡看到了整個世界，聖哲提到一沙含有三千大千世界，現代物理學家則從一個粒子看到了整個宇宙。訊息、活動與能量是宇宙的本質，真實的世界不是單純從人類五官所能認知的，我們所生存的宇宙，是一個訊息世界，一切存在皆是資訊編碼的組合，產生一連串的活動。

人類透過大腦將這一些訊息轉譯成各種物（境）象，我們透過感官所覺知的一切僅是表象，超越人類心智的大自然深層活動裡，潛藏著動人的生命內涵和天地的智慧。

生命有無限的可能，
我們未曾死去，也未曾出生；
我們只是度過一個又一個的階段，
我們的心靈是一生又一生的接續；
每一段生命的開始，是上一段生命的延續，
亦是未來生命的開展，人生是無盡、沒有終點的。

九、場的奧祕

關於宇宙具有全息、量子糾纏、非局部性及訊息編碼等特性，使我們對大自然的認識深化了。接著，我們來談一下生命的資料庫——意識跟宇宙的關係。

人類把意識的存在視為理所當然，正因為它在日常生活中無所不在。然而，意識看不見也摸不著，無法用時間、空間或物質等概念來衡量，那麼意識是怎樣產生的？

首先，科學家指出植物、動物、人體皆有個能量場，包括地球本身也有場，如電磁場、重力場；而宇宙更是充滿各式各樣的「場」，場在我們周遭隨處可見。

動物體溫散發著紅外線的輻射能，於是就有輻射場和溫度場；空氣的流動形成風場，聲音振動產生音場；地殼內應力狀態隨空間點的變化稱為應力場；乾燥的冬天不論是握車門或衣服會有觸電感覺的靜電場。

宇宙充滿著訊息跟能量，我們所稱的意識就是一種超越時空限制的訊息活動，它當然也俱備能量。

英國生物學家謝爾德雷克（Rupert Sheldrake）認為所有的生物都是由「形態生成場」來塑型，一種物質（包括細胞、組織、器官及生物體）發育成某種特殊形態，是因為同樣的東西在過去曾組成那種形態，它不是透過遺傳基因來傳遞的，而是受到某種超越時空的「形態共振」的影響。

這種共振（或共鳴）所形成的場域，不僅決定了生物發育成該物種原有的形態，同時也決定無生物的結晶體形狀，甚至還決定生物體的行為模式。例如，生物擁有天生的生存能力和智慧，就是從它們物種的形態場系統中取得相關的訊息而表現出來。

就像一隻蜜蜂生下來不需要特別經過學習教導，就有很強的適應環境與生存的能力。形態生成場的效果是集體與累積的，這些過去的形態系統雖然類似，但並非完全一樣，因此在它們的集體影響下，新個體行為的形態並非一致只是類似，這與心理學家榮格提出的集體意識概念不謀而合。

在人類社會裡有一種普遍的現象，當一種新技能或工具問世，最初的前人，他們學習的難度會較高，當使用人數突破了臨界點，成為一種普遍的經驗後，就算以前從沒有接觸過這樣東西的人，學習的速度也會變快，而他們的後代學習的速度則可能更快，進一步產生創新改良功能。

譬如，起源於春秋戰國時期的基本計算規則——九九乘法，已沿用兩千多年，目前已經是台灣的學齡兒童算術的基礎能力。

這種具體磁場的形成及共鳴作用，不只侷限於生物的型態或行為而已，甚至連社會構成的原理等，都有可能會出現同樣的情況。因為它所具有的特性並不受時空的限制，是一種非物質的能量，它成為一個資訊中心，透過波動共振方式能夠傳達到極遠的地方或久遠的時代，因此能夠傳承延續下去。

傳統物理學通常把宇宙描述成是由微小的基本粒子所組成的，是類似像積木一樣的組合模型，這些粒子會透過力與場產生交互作用。可是，粒子與場的分際其實很模糊，因此，量子物理學家認為「場」其實比「粒子」更基本，粒子已經不能算是一種物質，而是一種波動能量，場則是能量的源頭。

綜觀許多物理現象都與真空有關，宇宙的虛空並非虛無空洞，它與一般認知的真空不同，真空並不是全無一物的空間，也不是靜止不動的狀態。相反地，它充滿著比波動更為細緻的能量狀態——「脈動」。

這種脈動會產生自發性輻射，真空是一個具有脈動性質的動態系統，它是一種能源並蘊藏著巨大的能量。它在絕對零度的條件下仍然存在，真空像是巨大的能量網，也就是在能量的層次之上，仍存在著更基本的層次，在這個層次上的場域實際上已經不是能量了，這個層次是虛空的狀態。

量子物理學者相信整個物質世界是由一個大場產生，這個場域就像廣闊深層之海洋，而物質世界的現象就有如海面上可以被看見的波浪。這片汪洋大海的底層是全然的寂靜狀態，本質上是「空」的，可是那裡卻能生起訊息和能量，能夠衍生出萬有萬物，包括時間與空間，它被稱作「零點場」（Zero point field）。

零點場充滿整個宇宙，可以毫無阻礙地把宇宙中任一空間、任一時間的資訊，傳播到宇宙的所有區域，並以全息的方式全部記錄下來。它衍生出意識場、光場、音場、電磁場，以及形態生成場等來創造了我們現在所體驗的世界。

「在大腦送出的所有訊息之中，最微妙的訊息雖然靜默無聲，卻暗示著神性的存在。很多人都沒有注意到這些訊息，因為它沉默在嘈雜的日常生活中，很容易就被忽略。」

——魯道夫・譚茲博士（Rudolph E. Tanzi，神經科學博士）

十、微妙存在

一切應該都有個「源頭」，究竟什麼是「本體」，至今在科學上仍是一個謎團，生命的起源無法用簡單的語言描述，關於這個問題的答案，我們看一下古道家的說法：「大道乃虛空之父母，虛空乃天地之父母，天地乃人物之父母。」

事實上，古人早已知道虛空並非空無一物，那是萬有萬物的來源，它不但存在過去，也一直存在現在與未來；它是一種可以容納無量無邊的存在，稱呼為「空性」或「無極」。

虛空、天地、宇宙、大自然，這些都是空性的代表，這種空並不是什麼都沒有，而是在形容一種虛無的狀態，這個狀態充滿了各種場、各種能量。

萬物緣起於宇宙的空性，當地、水、火、風所有因緣俱足的時候，這個「場」就會物化，產生各種星球。我們所處的地球是其中之一。地球本身就是一個場，每一個星系、星球都有它們的場，宇宙萬有萬物都有屬於自己的小場，而創造這些場的源頭，是一個更大的場。

這個來自虛空、無量無邊的大場是所有小場的母體，這個大場我們把它稱呼為「天地靈場」或「大自然場」。

這個場域裡含藏所有的訊息、能量、光、波動，所以可以應化出物質與非物質，它是一切造化的源頭。太陽、地球、月球都是這個場的結晶之一，這一個場不僅包括物質，也包含精神，所有的生命及非生命體都是從這裡誕生，當然包括人類。

大自然場創生了萬物，因此，每一個生命與非生命體也都有場，也都有精神與物質結構，每一個生命體也可以說都是大自然的分身、天地的一部分。

宇宙間亙古以來就存在一種微妙的造化，所謂的「微妙造化」是一種存在，這個存在提供所有生命的誕生功能，它無法決定創造出什麼樣子的生命、創造出什麼樣子的萬物，但是它能夠讓萬物各展其美，人與大自然之間的關係是非常微妙的。

你能體會天地宇宙的能量有多大嗎？地球上一個小小的颱風、小小的地震，就會讓很多生命流離失所，可是這只是宇宙活動一小部分的現象。大自然是我們的母體，天地有多麼奧妙，人類這個生命體就有多麼奧妙，因為我們是它活動的一部分。

就像從海洋裡舀起一杯水，這杯水跟海裡的水的成份一模一樣，宇宙就像海洋，人類就像海洋的一滴水，我們來自大自然，當然俱備了大自然的能量，俱足了天地造化的微妙，只是多數人自己遮蔽了這個功能。

宇宙除了物質的世界之外，還有另一個精神的世界，人不能因為眼睛看不到精神世界，就否定它的存在。現代的科學性思維，讓我們被束縛在肉身的「小我」世界，身體在整個生命體的結構中，充其量只是扮演容器的角色，一種裝載精神體的硬體設備。一般人對精神體的世界很陌生，可是至少要俱備這樣的認知，才容易跟天地、大自然連線。

每一種萬物都是一個小宇宙，是整個宇宙的縮影，自然蘊藏著天地之精華。宇宙充滿了奧妙，天地有不可思議的造化力，這一股力量也存在人類身上，它是一種無為的存在。任何東西被大自然應化出來，都有一個場，這個場能產生造化，可是它不是用人為的方式，它超出人類的理解力，不是以我們想像的方式去進行。

這一切並沒有一個主宰者在操作，也沒有任何一個人可以主導；反過來說，這個大場也不會去主宰任何生命，每一個生命體的一舉一動也會影響它的變化。

天地微妙的存在超越了時間與空間，超越人類心智的理解範圍，我們雖然身在此山中，卻不識廬山真面目。人類的知覺局限了對真實世界的認識，如果能夠超越感官的限制，去認識精神體的世界，才有解開生命密碼的契機。

「生之蓄之，生而不有，為而不恃，長而不宰，是謂玄德。」

——老子

關於這個存在，許多聖哲早在二千多年前就已經留下了紀錄：

老子說：「道生一，一生二，二生三，三生萬物。」

耶穌提到：「太初，上帝創造天地。」

佛陀也說：「一切皆由空性而出，故一切眾生皆有佛性。」

穆罕默德：「阿拉是宇宙萬物的創造者和全世界最崇高的養育主。」

在這之中你會發現，生命的本源在不同的地區、文化，先知們所描述的狀態幾乎一樣，除了賦予它獨特的稱呼。在中國的老子發現它，稱之為「道」；在中東地區的耶穌發現它，稱之為「上帝」；印度的釋迦牟尼發現它，稱之為「佛」；在阿拉伯地區的穆罕默德發現它，稱之為「真主」。

在整個人類歷史中，它曾以許多不同的用詞和形象出現，幾千年來透過這些聖賢的智慧傳承，讓後人藉由經典認識它，近幾十年許多科學家、哲學家也發現天地間的奧妙，卻苦於無法解釋出的那個存在。

依據「零點場」的概念，宇宙是一個不斷進化的系統，具有超強的演算能力，可以把宇宙比喻成一套超級電腦系統，每個星系、星球以及萬物也都有自己的系統，這些子系統與宇宙這個超級主系統連結在一起，它們之間訊息的傳遞是透過場的運作在進行，而且具有自我適應、自我進化等特性。

宇宙所有的訊息都放在這個非實體的資料庫，它被稱做為「智域」；其中包括人類的經驗與智慧，即是英國生物學家謝德瑞克所稱的「形態生成場」。

「場」並不是抽象的概念，是一種真實的存在，虛空是一切活動的源頭。一切萬物都是透過一種脈動的方式與大自然場的浩瀚能量不停互動，在最原始的層次裡，人類的意識最深處也是與這個場域連結。

中國老祖先所發現的生命三寶：「精、氣、神」，這個「神」指的是人類精神體的總稱，心理學又稱為意識體。古人說萬物皆有靈性，所有存在的人或東西都是具有神性的，科學界也已經證實生物也擁有意識，所謂的靈性即是神性。

神性是一種純粹的超意識狀態，是一股奇妙非凡的能量！它在不同時代背景有不同的名稱，人人皆有本性，佛性、道性、靈性指的都是神性。神性的本體也是一種場，人類的心靈蘊藏巨大的能量。

「太初有道，道與神同在，道就是神。」——聖經（約翰福音 1:1）

透過宇宙的全息特性能得知，人類內在有神性，天地虛空也有神性，虛空有寶藏，人體自然也有寶藏。在生命誕生之初，人與大自然兩者間時時刻刻處於聯繫的狀態，古人生活簡樸，很容易就跟微妙存在產生連結共鳴，所以能讀取天地的訊息。

地球上最古老的文化都有提到「神」曾為人類提供實際協助，例如：文字、醫學、數學、農業、建築、天文、地理和道德觀等，其中包括以重達數噸的巨石所建造的金字塔，這些雄偉的建築明顯有其特殊的功能，即便是今日的科技都很難加以複製；但是「神」並不是直接憑空出現幫助人，而是透過人的神性與宇宙神性之間的連結，讓人展現出非凡的生活智慧。

宇宙的萬事萬物有物質的一面，同時也有精神的一面，精神與物質之間相互影響。人體的神（精、氣、神的「神」）是宇宙大神的分身，然而這個神不是個體，而是一個集體，所有跟我們有緣的人，大家都共用一個「場」，它影響我們這個生命體，我們也影響這群人的生命體。

古代宗教的教義都說，就算肉身死亡了，我們依然會繼續生存下去，所指的是精神體，它是永恆存在的，不僅超越了時空，而且不生不滅。

來自大自然的靈體以及我們的意識體，都放在身體這個軀殼裡，精神體如果沒有身體這座房子，只能在外面漂泊流浪，而身體要是沒有保養好，就像我們住在一間無法遮風蔽雨的房子。

肉身可以說是一座供奉靈體的聖殿，身體是通往微妙存在的設備，是通往智慧、圓滿的一道門。靈性是心的本體，身體要照顧好，心門要隨時打開，才得以讓這一股看不見卻無所不在的力量展現。

根據古書記載，扁鵲、華佗與孫思邈由於他們的醫術高超，因此都曾被尊稱為「神醫」。

在二千五百多年前，中國古代史上醫術最高的名醫——扁鵲，據說其醫術高超，無論什麼疑難雜症，皆能手到病除，最為神奇的莫過是據說他具有透視人體五臟六腑的特異功能，並奠定了中醫學的切脈診斷方法，開啟了中醫學的先河。

東漢末年時期的華佗，不求名利、不慕富貴，只致力於醫藥的研究上。華佗精湛高明的外科醫術，在科技完全不發達的時代，已經開始實施腹部與腦部的手術，並發明了「麻沸散」，開創了世界麻醉藥物的先例，提高了外科手術的技術和療效，也擴大了手術治療的範圍。

孫思邈從小體弱多病，家道因為其治病而衰落，因而立志學醫。他對於病人不問貴賤貧富，不分晝夜寒暑，飢渴疲勞，一心醫救。由於孫思邈精通針灸及藥物學研究，曾施展神通引線診脈，不僅被稱為藥王，還是中國四大發明之一——火藥的發明者。而且他學問非常淵博，擅長天象曆法和養生之術，是個修行有道之人，隋唐兩代皇帝要授予爵位及請他做官，他都推辭婉拒。

這幾位德術兼備的醫者，為何會有如此超凡的能力？他們的神奇技術從何而來？事實上，中國的「醫道」就是來自於神性的傳承，大約在五千年前，黃帝所處的時代，留下一本重要的醫學著作——《黃帝內經》，從此開啟中國醫道文化的第一頁。

據《黃帝內經》記載，在黃帝所處的時代更早之前，尚有上古、中古之說，其年代久遠已不可考。但從歷史遺留下的隻字片語中，可以發現當時人們過著靈性的生活，一個整體社會倫理高尚的時期。

遠古時代人們透過天象地理的觀察，結合自然人文觀，發展出以天地為中心的思維，重視道德與社會關係，而展現出一個「大我」共好融合的世界。

我們的老祖先認為陰陽交替循環是來自宇宙主要的力量——道，人體與社會也是大自然的對應，而「自然」正是宇宙萬物和諧運行的秩序。因此，只要順應自然的規律，過著一種天人合一的生活，只要機緣成熟就會接收到天地的智慧訊息。

孫思邈曾說：「人命至重，貴有千金，大醫治病，定志安神，無欲無求，慈悲惻隱，不問貴賤，視病如親……」，這幾位醫者都具有「大醫精誠」，一種無私、不求回報的精神，他們精神的層次已經修練到超高的境界，自然可以獲得天地的傳承，而顯現出來的就是這些出神入化的絕技。

開悟的聖者往往都具有非凡的洞察能力，他們對大自然的認識比現代科學還要早個數千年。這些仁慈的聖者，例如：耶穌、佛陀、老子、穆罕默德等等，他們直接參與人類歷史，過去他們曾經創造出一些「神聖空間」，來扮演著提升人類心靈境界的場所，幫助我們找到通往偉大真理的道路。近代雖然仍有少數擁有這樣能力的聖者，由於人們具有現代化的科學性思維，就算遇到也很難產生共鳴。

神性就隱含在人性中，當人開始探尋真理、放下得失時，靈性就會被喚醒，它以靈感轉化理性、以智慧抹去愚癡、以平等取代偏見、以寬容消除怨恨、以無私包容萬物、以平和撫慰痛苦、以勇敢面對恐懼、以奉獻替代獲得。

光明神性的展現使人的靈魂淨化而獲得自由，在心靈的引導下與自然融為一體，從而邁入靈性的生活。

「自從創造天地以來，神的永能和神性是明明可知的，雖是眼不能見，但藉著所造之物就可以曉得，叫人無可推諉。」

——聖經（羅馬書 1:20）

每一種萬物都是一個小宇宙，
是整個宇宙的縮影，
蘊藏著天地之精華。

十一、提升神的質地

「神」是一種精神領域，我們的意識狀態，並不是指一般民俗信仰的神明。一個人的生命體包含身、心、靈，這個靈指的是靈體，靈即是神，它是身心的本體。「神」也不是念頭或思想，「神」是深層意識，思想是表層意識；「神」如同海底的活動，思想像海面的波浪，「神」的活動看不到也無法感覺，因此大部分的人都忽視了它的存在。

一般而言，一個人的知識來自於接受教育，常識來自於生活，這一些資訊最後會變成一種表層意識。

所以，書讀得越多或學歷越高，不等於為人處世就會比較好，因為我們所接受的知識與常識，只能影響到人的表層意識的活動，而內層意識的活動才是思維的主體，它的力量遠超過表層意識。

為什麼同一本書，一百個人來看，會產生一百種結果，差別在於每一個人神的狀態不同，而且一個人神的質地，也就是深層意識的狀態，甚至可以說「神」主導著人的一生。

很多事情我們知道卻做不到，因為它是外來的知識並不是我們思想的一部分，或許某一天有了實際的體驗，自己徹底領悟了，它就深化為思想的一部分，這個時候「神」的狀態也跟著不同了。

幾乎所有的宗教都會提到「魔」，這個魔其實不是什麼妖魔鬼怪，它所指的是人類內在的「心魔」，也就是當一個人的意識狀態墮落到黑暗面，「神」的質地處於沉淪狀態的時候，就稱為「魔」，這個時候的境界有如處於地獄般。

相對的，若一個人的意識狀態往光明面提升，且達到臨界點，能與天地微妙存在聯繫的時候，就稱為「神」、「佛」、「仙」，這樣的心境就像生活在淨土、天堂。因此，從古至今為什麼有那麼多人在求道修行，目的都是在改變人類的意識狀態，提升神性的層次。

人通常只重視看得見、感覺得到的東西，就像很多人願意花幾萬元買一個名牌包，花個幾十萬雕塑肉體，甚至有人願意花幾百萬買台交通工具，試想我們這一輩子投入了多少時間、金錢及精力在物質的領域，卻很少人願意花錢投資在讓自己的「神」能夠成長升級的領域。

決定一個人的生活品質的要素，並不在於外在物質的多寡，而是一個人「神」的質地。

哲人說：「生活就像一面鏡子，它反映出我們內在的一切。」這代表生活其實是生命的投影，A級的生命對應A級的生活，C級的生命對應C級的生活；如果說生命是生活之母，那麼「神」就是生命之父。

假設一個人能夠提升神的層次，等於是提升了生命的等級，也等同提升了生活的品質。所以，有A級的意識才有A級的生命，要解決生活所有的問題，源頭應該要從「神」下手。

我們這裡講的「神」是代表深層意識的活動，是人類心智活動的來源，大腦只是「神」對應到物質空間的器官。當人清醒時「神」發出訊息，透過大腦發號施令控制著人體，產生思想、行為等活動。當人在睡夢中，表層意識在休息，但身心的活動並未停止，仍然有另外一套生命活動在進行著，例如做夢就是「神」的一種作用。

要提升我們「神」的質地，需要透過心靈教育，恢復生命本來的狀態。「恢復」的意思是重新還原、回歸初始。

大自然創造了生命體之時，一定賦與每個生命體存活下去的各種本事，魚會游水，鳥會飛翔，這是天賦的能力，天地讓它創生的萬物，毫無欠缺的享用它周圍的資源，適合水中的生命，讓牠誕生在水中，適合陸地的，讓牠誕生在陸地，而且都有足夠的食物讓牠存活。周圍的環境包括氣候、溫度都適合這個生命體，不論植物、動物都一樣，當然人類也不例外，富足就是生命的本來狀態。

但是，自從出生後我們開始學習各種知識，一個人的「神」就吸收、接受了很多的資訊，尤其到了學校接受集體化的教育，這些資訊包含知識、常識、學識的累積，它就形成一種趨向集體的社會價值觀。

這些觀念裡面以「個人主義」為中心，建立起人類生存法則在「競爭獲利」的核心意識，因此，我們開始對宇宙的真實本質產生了錯誤性認知，關閉起連結天地意識的管道，同時也鎖住與生俱來的智慧與天賦。

一隻初生的老鷹，天生就俱備成為天空之王的能力。假如將一顆鷹蛋放在雞窩讓母雞孵化，當這隻幼鷹誕生後，由於從小學習雞的生活知識，接受雞式的教育技能，幼鷹藉由後天所積累的經驗來判斷，真的以為自己是一隻雞，上天賦與老鷹的各種才能，變得完全無用武之地，從此憂鬱的過了一生，這就是生命離開了本來的狀態。

相反的情況，把一顆雞蛋拿去給老鷹孵化，這隻雞出生之後，再怎麼努力也不可能會飛翔，反而可能會摔死或者直接被老鷹吃掉。

每一個人在生命誕生時，都隨身攜帶著天生的寶藏，也就是俱備生活富足的能力；但是，我們很容易被外來的知識所束縛，使「神」離開了本來的狀態，而去追逐一些不適合自己的人生目標，讓上述老鷹跟雞的情節在現實生活中上演，這就是人類一切煩惱的根源。

當一個人身心離開了本來狀態，看這個世界的角度會以「自我」為中心，形成認知上的偏差，因而產生了「分別心」，什麼叫分別心呢？

人在成長過程中慢慢接受了社會意識的牽引，這些觀念引導我們去作出價值判斷，面對環境的人事物，我們會去歸類好壞、美醜、對錯、成敗等等。

事物原來只是事物，你會經常聽到誰的小孩成績多好、學歷多高，或者某人的職位多高、薪水多高。我們已經養成慣性比較的心態，總是在不知不覺中對他人的事物感到羨慕，看到別人有的東西而我們沒有，就覺得自卑不如人；相反的情況，別人沒有的而我們卻有，就會有一種虛榮感或成就感。

分別心是嫉妒、不滿、傲慢、得失……種種負面思想的源頭，當你的「神」離開原來精緻的狀態，心老是往外面跑，內在變得空虛了，就會去追求欲望所化身的事物，來填補匱乏的心。

這個時候「神」已經變粗糙、渙散了，無法與大自然的微妙力量聯繫，自己原來攜帶的寶藏被鎖碼了，人就迷失在欲望的世界裡，過著失去生命意義的生活。然後，身體被這樣的「心」帶著一起奔波勞碌，從事一些浪費精力、消耗生命能量的活動，身心失去了平衡，健康也跟著出問題。

所以，現在我們要「倒」過來處理，首先我們需要解碼，接受生命本來就是富足的狀態，接著恢復本來的狀態。簡單來說，恢復是指把某些事物復原到初始的狀態，也就是老鷹不需要學習雞，雞也不用模仿老鷹。

認清事物的本質，不再起分別心，如果建立這樣的理念，就等於自行解碼了。可是理念只是表層意識，「神」是深層意識，雖然我們知道，肯定還做不到，不過我們可以先設定目標。

我們的目標是「返璞歸真」，透過的方法是「練神」，轉化後天「學而知之」的我，返回先天「生而知之」的我。古道家提出修心養性的要訣：「練神還虛、還虛合道、道法自然」。怎麼練呢？答案是在生活上歷練。

事實上，天底下所有的人，只要沒經過身心的鍛鍊，「神的結構體」都是鬆散的；我們從來沒有想過什麼生命，不曉得什麼是靈性，也無法洞悉自己的心性，不願了解生活真正的內涵，只好任憑習性拉著我們過一輩子，就像無根的浮萍一樣隨波逐流。

所謂的「練神還虛」，是將我們的心，對於世間一切的分別、比較、執著等想法，這些汙染「神」的負面思想清理、虛化掉，把裝滿知識、偏見的「心」清空出來。

心別一天到晚都在外面流浪，跟著社會集體價值觀跑，這樣會讓神分身乏術，心神不寧，意識不安定就無法專注，一個人無法專注就無法活在當下。

當一個人分心無法專注的時候，代表神的狀態是渙散的；「神」如果渙散，心就會迷惑。我們常說世上有許多人受到錢財的迷惑，事實並非如此，是一個人的「神」先渙散，心跟著迷惑，然後整個人才開始沉迷於外在事物。

俗話說：「色不迷人，人自迷；財不害人，人自害。」人迷惑的時候就像喝醉酒，迷思疑惑的心令人忘記初衷，看不透事物的本質，因而以幻為真。

譬如，人們常忘記飲食是為了營養，而不是為了美味好吃；運動是為了健康，而不是為了比賽奪冠；車子是交通工具，而不是為了彰顯身分；房子是舒適怡人的家屋，不是為了豪華氣派；工作的目的是為了養家糊口，而不是為了功成名就。迷惑讓我們忘記來到世間的目的是什麼？生命的意義是什麼？

「被一片葉子迷惑的話，就看不到樹；被一棵樹迷惑的話，就會看不到森林。別把心留在任何地方，不然在不知不覺間就會看不到全部。」

——佚名

有一個發願修道的人，出家來到寺院當了和尚，因為寺院的住持要出遠門弘法度眾兩年後才會回來，於是就將寺院的大小事務交代給這位和尚處理。

過了沒多久，和尚遇到了一個困擾，就是每當他在念佛時，總有幾隻老鼠在禪堂中跑來跑去，干擾到他做功課，可是出家人不能殺生，這種事卻一再地發生，讓這個和尚不知如何是好！

這時有人建議說：「為何不養隻貓呢？貓自然會抓老鼠，這樣一來你就可以高枕無憂了。」

和尚想：「也好，這個主意還不錯！」於是就收養了一隻貓。

養了貓之後又添了一個新麻煩，因為寺院裡沒有那麼多食物供養貓，因此他必須每天出去化緣，餵牛奶給這隻貓喝。

於是又有好心人來告訴他：「你不能這樣為了這隻貓，還得經常出去托缽啊！要是在村裡遇不到人供養你牛奶，那怎麼辦才好？不如養一頭牛吧！我們這裡有一頭牛可以給你，這樣一來要獲取牛奶就方便多了。」經過考慮之後，和尚接受了這頭牛。

不過，現在他必須親自去擠牛奶，還得出去找牧草給牛吃。這些工作也讓和尚變得很忙碌，根本沒有時間念佛，後來有人又建議說：「你乾脆在寺院附近的空地種牧草，把牛放養在那裡不就可以一舉兩得？」和尚覺得很有道理，不過卻面臨了更嚴重的問題，因為他不曉得如何種植牧草。

接著又有人建議說：「你可以找個農家女，那麼你們就可以一起耕種。這麼一大片寬闊的土地供你耕作，這樣就有足夠的牧草給你的牛吃，也有足夠的牛奶可以喝，還可以種蔬菜自己食用。」

這個和尚變得愈來愈忙了，接著他們就開墾了一個牧場，到最後他甚至還俗跟農家女結了婚，接著還生了小孩。因為還有很多農事要做，於是雇用了一些工人，後來一直在擴充、發展，農場已頗具規模了。

兩年之後住持回來，發現這個和尚不見了，經一番打聽後才找到這個和尚的下落，來到這個和尚經營的農場。

住持在了解整個事情的經過，明白衍生出後續一大堆狀況的起因不過只是幾隻老鼠後，說：「我囑咐過你要好好修行，我沒叫你去養貓、養牛、種牧草、結婚生子啊！你來修行的目的就是為了要轉迷成悟，結果還沒開悟，你就因為老鼠而退轉了。」此時，和尚面對師父感到羞愧不已。

他當初放下世俗一切去當和尚，為了擺脫塵世的束縛，過著簡樸的生活，然而，最後卻變成了一個農場主人，成為一個大地主，擁有許多牲口和工人，還有妻子和小孩！農場愈來愈興隆，於是他整天忙著數鈔票、巡視收成，再也沒心念佛了，修行的大事也因此中斷。

其實，我們常人的心也都處於「迷」的狀態，只是大家都一樣，也就見怪不怪了，「迷」的相反詞是「悟」，「悟」是覺悟、不再迷惑了。

德國文學家歌德說：「人只要一鬆懈，就會心生迷惑。」所謂「鬆懈」指的就是一個人的「神」結構體鬆懈、渙散了，所以我們要透過練神，把「神」重新凝聚起來，心就會轉迷成悟，事物自然就可以看透澈了。

十二、靜心凝神

練神具體的方式是「靜心凝神」。我們先來談「凝神」，「凝」是凝聚、專一的意思，「神」是一種生命能，生命能是一種能量，能量裡面含有光、熱、電等元素，其中以熱能較接近肉體的層次，所以可以感覺它的存在。

生命能包含了物質及精神層次的能量，能夠持續專注在目標上的時候，就等同將神凝聚於目標一樣，也等於把生命能凝聚於目標上，這個時候就會產生神奇的力量，就如同拿一個聚焦鏡放在太陽光底下，聚焦在紙張可以生熱起火的原理。

專注非常重要，重要到一般人視為理所當然，可是卻忽略自己每一刻都處於分心狀態。就像有些人在吃飯的時候要同時看電視，上廁所的時候要同時看書報，運動的時候要同時聽音樂，工作的時候要隨時瀏覽網路動態。

很多人要是一陣子沒有看一下手機狀態，就會坐立難安；出門沒帶手機更會產生「焦慮感」，連晚上睡覺都不敢關機，有太多時刻我們的「神」都處於一心多用的狀態。

專注力是一項操之在己的心智力量，也是效率生活的基本功。專注是一種能力，不是要不要做、想不想做，而是能不能做到；既然這是一種能力，就表示可以透過練習來達成。

有句諺語說：「逐二兔者，不得一兔。」要做好一件事必須聚精會神，因此，平時培養專注力是非常重要的，唯有全神貫注在目標上，做任何事才能成功。

有人問愛迪生：「成功的第一要素是什麼？」

愛迪生回答：「能夠將你身體與心智的能量，鍥而不捨地運用在同一件事物上而不會厭倦的能力。對大多數人而言，他們肯定是一直在做一些事，唯一的問題是，他們做很多很多事，而我只做一件。」

當我們把干擾「神」的妄念虛化掉，就能夠保持平靜的心，這時候自然會產生一種「定力」。一般人的專注方式因為心有所求，過於急躁變成容易耗費精神，具有定力的專注，因為身心放輕鬆，除了能夠精準的達成目標之外，非但不會耗神，反而時時精神飽滿、充滿活力。

莊子說：「用志不分，乃凝於神。」運用心智不分散，才能使精神集中。專注是一種品質、一種力量，更是一種境界，專注往往能夠把我們的時間、精力和智慧凝聚到所要做的事情上，產生最大限度地積極性、主動性和創造性，進而實現自己的人生目標。

「神」這種深層的意識是一種不受身體侷限的活動，它超越了時間與空間，心念是一種能量，也是一種場態。當一個人全神貫注、意念集中的時候，可以產生強大能量，甚至可以改變物質狀態。

可是多數人的「神」都是分散的，所以做每件事情都是在分心的狀態，自然辦事效率就不會高。如果身和心不能統一，心裡所想的跟行為所做的，常常是心行不一，內在充滿矛盾衝突，怎麼快樂的起來！

一個人的注意力在哪裡，能量就跟著哪裡跑，所以很多時候，人的念頭一轉，無窮的能量就出來了，意識的改變可以影響身邊的人事物，由於這種極細微的變化，很難以感官去察覺到，所以一直都被忽略，甚至否定其存在的作用力。

將「神」放在哪裡，哪裡就會滋長，人的一切言行與思想都有力量，一旦持續的集中專注更俱備神奇魔力，它可以為世界帶來創造，也可能產生破壞。

人的「神」擁有微妙的力量，可以自我療癒也可以自我傷害，尤其是集體意識，它能產生巨大的力量，足以用偉大或可怕來形容。世界上七十億人心念的能量，比地球的磁場還強大，人的「神」可以造化萬物。

我們的意識變化之快，行走之遠，影響之大，是任何事物無法比擬的。我們的意念不僅影響到內心世界，而且也影響到生存的環境。

每一個負面意念，都會汙染我們的身心，使我們的頭腦產生異常的訊息，同時也傷害我們的身體，進而影響一個家庭。一群人具有負面意識就會汙染整個社會，相對的，有更多人的「神」擁有光明的質地，將能夠淨化社會，甚至改變整個世界

「我們每個人手上都握有資源，只要心念一改就能造福他人。因此，我們要改變的是自己，而不是改變世界。當慷慨成為基本的社會資本，我們就能從更寬廣的角度、更多元的觀點來看待事情。」

——琳恩．麥塔格特（Lynne McTaggart，作家）

保持心靈平靜是快樂的基本要件。然而，當內心經常躁動不安要怎麼辦？神是一個人的精神、思維狀態。當一個人不夠平靜的時候，心就會生出妄念，這種意念很容易跟物或境結合，然後我們就被外在的事物牽著走了。

很多人只要稍微靜下來，就要講電話找人聊天、上網看電視，或者吃東西、聽音樂等等，從日常生活中可以發現，我們平常是沒有能力把心靜下來的。你可以親身實驗一下，把書先放在旁邊，眼睛閉起來，什麼都不要做，試著維持五分鐘完全不想任何事情。

你應該可以察覺到，心要靜下來的困難度其實很高，內在的念頭無法控制，一個接著一個念頭川流不息。人的思想實際上不是自己完全能夠控制的，就像我們心情不好的時候，要自己馬上快樂起來，這談何容易！

「神」這個內層意識是不受表層意識使喚的，唯有透過特定方法的練習，才能讓我們內在動盪不安的意識活動沉寂下來，這種方法叫做「靜心」。

每個人的神一天二十四小時都在接收與發出訊息，我們要讓這些訊息成為滋養生命的營養，而不是汙染身心的毒物。如果經常接收黑暗、負面的訊息，久而久之我們的身心就會出現問題，而透過靜心的方法，可以安定意識體，讓身體與精神的活動，漸漸的與天地意識連結，淨化我們的「神」。

就好比收聽調頻電台，你必須把收音機的頻率調整到大自然同步，生命回歸自然的狀態，這時候的思維才會轉化，身體也會變得健康。靜心是身心修練的基本功，目的是要達到身心靈合諧。

現代的生活充滿著壓力，讓我們的身心經常處於緊繃，肌肉長期在僵硬的狀態，會讓血液循環不良導致疲倦，也會心浮氣躁。當天的疲勞最好當天消除，才不會積勞成疾，許多慢性病就是這樣形成的。

在靜心之前，身心要放輕鬆，全身的肌肉、器官、細胞，從上到下由裡到外，徹徹底底的放鬆。我們整天都待在室內，難得接觸大地草原，放鬆的時候想一下藍天白雲，彷彿置身大自然。

當我們將眼睛閉起來，身心不要搖動的時候，接著就會感覺念頭出現了，其實，一個人只要擁有生命，念頭原本就沒有斷過，只是平時太忙碌，沒有去感覺到它的存在，只有在心澄靜下來之時，才會發現存在這樣的狀態。

靜心的時候不是把這些念頭消滅掉，或者把它壓制住，當我們將眼睛閉起來，身心不要動搖的時候，念頭一個一個出現，接著只要讓這些念，前後不要相互接續，每個念頭之間不要串連起來，因為當你把這些念頭接起來的時候，就變成一些想法了。

一個念頭就像一張底片，把一張一張的底片接起來播放，就會形成影片了，這樣就是在思考而不是靜心。所以當念頭出現的時候，每一個念頭單獨出現，不要讓它延續，自然就會消失，依照這樣的方式，每天至少撥出三十分鐘以上的時間，持之以恆的練習，身心會自然產生微妙的變化。

靜心的目的是要讓意識沉澱下來，不要再動用意念，深層意識我們不能控制，但是表層意識必須要越來越緩慢，這個時候可能會出現一些反應，比如說身體某些部位會痠、麻、痛，或者昏睡，聽到腸胃蠕動的聲音，這些都表示我們身上有「漏」。

我們說過肉身是精神體居住的房子，這個「漏」就像房子有漏洞、有破損，當你真正能夠靜下來的時候，身心會進入平衡狀態，此時會啟動生理自我修補的功能。

過程中還有另一種情形，好像看到亮亮的光、出現一些影像，這一些都是意識的顯像，就像睡覺會作夢一樣，千萬別在意這些感受，面對這一些過程要保持平常心，不用理會回應它。我們只要掌握一個要領，讓意識漸漸的沉寂下來，意識穩定了，身心才能得到調和，不要有得失心。

靜心就好比是我們的「神」這個意識體在洗澡，過程何必研究掉了幾根頭髮，或者要先洗頭還是洗腳，也不用去感覺洗的舒不舒服，目的是要身體洗乾淨。

靜心的目的就是安定意識，才能夠淨化心念，人的身體幾乎每一天都要洗澡，假如有一個人連續一年都沒有洗澡，是不是跟流浪漢差不多了？這樣你還敢靠近這個人嗎？可是你的精神體有多久沒洗澡了？

一個人意識不安定，「神」就是渙散的狀態，我們的「心」就像流浪漢，都往外面跑不想回家，只是時間久了大家都習慣了，所以就沒有特別的感覺。每天最起碼要撥出一點時間，讓生命的本體「神」得到洗禮，透過特定的方式練習靜心，讓浮動的身心穩定下來，這樣才有能力正確的生活。

「任何你每天持之以恆在做的事情，都可以為你打開一扇通向精神深處，通向自由的門。」

——魯米（Rumi，波斯詩人）

十三、寂靜是一種生命狀態

藉由每天靜心的練習，我們可以觀察到自己身心活動的狀態。其實，人的病痛是因為身體已經有漏洞，失去了平衡。

當你能夠讓意識慢慢沉澱下來，真正進入靜的狀態，全身開始產生調和作用，這時候的呼吸、心跳和腦波的律動跟平常是不一樣的；因此，身體就會有一些反應，某些地方會感覺很痛或者很舒服，這是代表那個部位有異常。

就像一條河道，如果有一塊石頭在中間，水流過去的時候會濺起水花，如果有東西堵塞，水就會無法流通；人體內的經絡脈、血液循環如果很通暢，氣血的流動是不會有感覺的，當生理的活動失去平衡，將以病痛的方式提出警告。

所以，靜心有維持身體健康的作用；再來是心理的層次，當一個人心浮氣躁的時候，也就是心失去平衡，表示深層意識有心結、牽掛之處。心理的活動有異常，則會以煩惱的方式出現警告，但是一般人很難發現這是一種警訊。

靜心可以達到調和身體平衡，可是心理的問題不是只靠靜心就可以處理。當一個人意識安定下來的時候，可以察覺到自己的內心，確實有失去平衡的狀況，而且你會發現自己根本無法靜下來。

一個人的「神」就是意識、思維狀態。意識就像大海，表層意識是海面，深層意識是海底，我們只能感覺到海面上的狀況，情緒的高低起伏就像是海流、波浪，它的源頭是海底的暗礁、海溝，這些深層意識底層的不平結構，就是我們的慣性思維，無明的習性，也是造成思想上的盲點，生活上的障礙的源頭。

俗語說：「江山易改，本性難移。」因為我們只感覺到表層的浪花，看不到海底的世界，不曉得源頭在哪裡，自然找不到下手處。

每個人從出生開始經過五蘊的作用，最後留下各種的意識，儲存在生命的資料庫，當它發動的時候，是從海底的最深處，我們不認識也看不到，等自己察覺到不平靜的時候，海面上已經波濤洶湧，根本無法洞悉問題的本質。

所以，平時要端正我們的思維——這個過程叫做「正思維」。目的是將海底深層不平的結構弭平，才能根本改變一個人的心性。好比一棵樹生病了，一般人只從樹葉、樹皮下手，當然沒辦法改善，有效的處理方式，應該從看不到的根部醫治起。

很多人閱讀大量的書籍，研究很多名著經典，也上了很多課程，可是好像都無法應用在生活中，身心也沒什麼改變，這是為什麼呢？因為這些外來的知識沒有進入我們的內層意識，沒有成為我們思維的一部分。

事實上，人的精神體、意識體，這個「神」整天都在吸收訊息，我們要讓這些訊息成為心的營養成分，而不是變成滋養欲望的糧食，然後來汙染原本純淨的意識體。

一個人的靈性所需的養分不是知識學問，而是一顆經常保持清淨的心。靜心能安定意識活動，唯有一個人的意識安定，經過淨化之後的心，才能吸收到真正營養。

我們的「神」需要的營養是光明的訊息，不是欲望的訊息，吸收汙染的訊息最後只會形成習性，堆積一些垃圾讓海底變成坑坑洞洞。真正的智慧不是靠學習而來，用不正確的思維去讀書，就像帶著有色眼鏡看世界，反而容易誤解書中涵義，知識便會造成障礙。

我們的意識活動要穩定，靜心是一件非常重要的事，越是靜不下來的人，越需要練習靜心，就像不想運動的人，越需要運動一樣的道理。假如一天當中特別撥出一點點時間，練習讓自己能夠靜下來，都無法真正入「靜」，可想而知，我們的心在平常怎麼可能處於平靜的狀態？

當一個人靜心的時候，如果能夠進入「寂靜」的狀態，就能跟天地重新起連結產生共振（嗚）作用，等於讓大自然來淨化我們的意識，喚醒靈性調整我們的內在思維，恢復生命本來的狀態。

寂靜是一種生命狀態，它可以滋養我們的身心，所以平時一定要讓「神」常常接受正面的訊息，這樣才容易在靜心的時候進入寂靜狀態。

「寂靜，是開啟自由的一種儀式，不需要離群索居，找對每天的生活方式，它就會不請自來。」

——莎拉．梅特蘭（Sara Maitland，英國文學家）

美洲原住民印第安人有一個古老的說法：「一個不會靜靜坐著的孩子，無法變成成熟的大人」。印第安人傳統上與大自然和諧共處，並向天地萬物學習，他們相信動物與祖靈相通，大自然會帶來重要訊息給他們，尤其是在面臨重大事件之際！

印第安人教孩子打獵之時，首先要他們在野地靜靜的坐著，而且要坐到心思沉靜如水。尤其當內心達到「神聖的寂靜」，便能化為無形進入如薄紗迷霧般的靈性世界，與大自然融為一體時，感官也會出現變化，譬如會聞到空氣中有不同的味道，看到空無一物之中，微細的天氣變化，聽到萬籟俱寂中有風的流動。

有一位印地安長老曾經說了一段話：「其實，我們不需要教堂、廟宇來追尋寧靜，因為我們擁有荒野自然的殿堂。我們不需要精神領袖，因為我們的心和創造者就是我們唯一的領袖。」

「我們為數稀少，也幾乎沒有人能說我們的語言、了解我們的生活，因此，我們單獨走在這條路上，因為每個靈境、每個追尋，對每個人來說，都是獨一無二的。而且我們必須走入社會之中，否則我們的靈境將會死去，無法實現其靈境的人，便是個活死人。」

「在追尋與大地合而為一的過程中，不僅感受到還能夠融入於在萬物移動的靈性。這種天人合一的境界，可以在靈境追尋中、在神聖的寂靜中達成。」

他們認為靈性的世界沒有時間、沒有空間，也不是用語言和我們溝通，它透過夢境、靈境、象徵與感覺跟人互動，儘管無法解釋應該怎麼做的，但所做的一切都是為了接觸靈性的世界，放下用頭腦思考的需要，就能領悟到性靈的純淨。

一位真正成熟的印第安人所俱備的，不只是良好的求生技能，也需要領悟更完整的生命哲學；不只是當一個獵人，更是一個能以大地為家、以叢林為食，與自然環境和諧共生，達到一種「合而為一」的平衡狀態。

人類為什麼喜歡冒險？每年吸引多少登山客前往世界第一高峰——聖母峰探險，面對終年積雪、空氣稀薄、零下低溫的惡劣環境，過程充滿致命的危險，他們仍然勇往直前持續挺進。有一些探險家描述吸引他們不斷回到高山的原因，其實是在追求山上「絕對的平靜」。

寂靜為什麼那麼的重要，我們看一下老子在《道德經》提到：「致虛極，守靜篤。萬物並作，吾以觀復。夫物芸芸，各復歸其根。歸根曰靜，靜曰復命。復命曰常，知常曰明。不知常，妄作凶。」

意思是說人應該消除心智的作用，內心虛化到極致，去掉妄想念頭，經常保持寧靜專注；從一切萬物的活動變化，我們可以觀察到是一種從無到有、以及從有到無的規律狀態。

雖然宇宙萬物千姿百態，但都是回歸在這種有與無、動與靜的根本形態。天地本源的狀態就是寂靜，靜就是生命本來的狀態，生命的根源是永恆存在、不生不滅，當你能體會到這種狀態，就等於是明白了真理。如果不了解這種道理，就會產生妄念亂為，很容易招來禍害。

寂靜是與生命的本源——「微妙存在」連結共體的唯一途徑，那裡是天地的智慧寶庫，是靈性的誕生地、愛與能量的源頭。

一個沒有極限與時空的世界，一個自然與永恆的世界。經常透過靜心的練習，念念無住，讓念頭不住進我們的心，我們的心也不被念頭牽動，漸漸的達到極致，就能夠進入寂靜狀態。這個時候身體的活動跟精神的活動達到平衡了，回歸本來的狀態，我們稱為靜，也等於禪定，它是一種精緻的生命狀態。

入靜能夠淨化意識體，開啟深層的靈性，從而達到攝心的效果。這是一種超越感官知覺的狀態，身心處在深層平和狀態，自然地體會處處充滿生機。在寂靜中你會重新認識自己，明白事物的本質，改變對世界的觀點。

如果要時常保持寂靜就不能只靠靜心，如果一個人不俱備正確的思維，靜心的時候根本無法靜下心來，更別說要進入寂靜狀態。因此，寂靜可以說是一種「無為法」，它讓我們檢驗思維是否還有偏差。

我們要去經常去接收光明的訊息，觀照自己的心性，進一步破除我執，再經過每日的靜心練習，達到時時處於靜的狀態。當一個人心性維持在一個穩定的狀態，達到臨界點的時候，悟性就會展現出來，自然發現處處留心皆學問，生活點滴都是智慧。

智慧就像陽光，它存在於每一個人內心深處，也存在於我們的生活中。只是我們心的烏雲遮住了太陽，無法讓陽光透射出來，唯有透過靜心與正思維，轉化造成汙染的意識，智慧自然能夠展現。

「諸行無常，諸法無我，寂靜涅槃。」

——佛陀

十四、正思維的重要性

一個人生活要富足，不管是建立在個人或是群體的意義上，我們都必須把過去儲存在意識體的負面思維，從生命的驅動程式進行修復，要做到這點，我們必須了解人類行為運作的模式。

每一個人的思想，直接影響到他的語言與行為，反過來說，語言與行為是一個人的思想的具體表現。所以唯有當一個人俱備了正確的思想，他的語言與行為才有可能是正面的。

正思維的目的是為了產生正確的行為，可是思想無形無相，人要觀照自己的思想並不容易，因此我們可以從自己日常的語言與行為觀察起，因為語言及行為是思想的投影，觀照我們的行為後再回過頭來修正思維，形成一種正向循環。

我們的語言與行為是以思想為主宰，而思想則是由意識所應化出來的，語言與行為的善惡都是以思想為依歸。

思維就像一個交響樂團的指揮家，行為是團員，身體是樂器，唯有正確的思維才能演奏出美妙的生命樂章。不過正思維不等於正面思考，正思維以正確的見解為先決條件，一個人俱備了正見，對事物有了正確的認識，才會有正確的思維。

古人會透過禪修來達到正思維的目的，禪是梵語「禪那」的簡稱，意譯為「思維修」，一種思維的修練，透過特定的方式端正我們的慣性思維，讓我們俱備正見，自然而然地產生正面思考。

「一個人首先讓大腦接受錯誤的思想，接著一而再再而三地開門揖盜，甚至讓它在自己心底紮根築巢。漸漸地，他習慣了這種錯誤的思想，從珍惜到愛不釋手，到最後不由自主地庇護它。」

——查爾斯．哈奈爾（Charles Haanel，心理學博士）

人類有三種根本習性最能障礙我們的智慧，分別是「欲求不滿、自我中心、不明真理」，佛陀稱之為貪、瞋、癡，又叫做三毒。人們在思維上常見的偏見，幾乎都是由這裡衍生出來。

當一個人的思想不正確的時候，就不可能看清楚事物的真相，因為意識被汙染，智慧也被蒙蔽了，這像晴空被烏雲遮蓋了一樣，太陽顯現不出它的光輝。

貪瞋癡其實就是人類欲望的具體展現，欲望雖然是煩惱的根本源頭，然而要消除這些障礙，並不是與它對抗鬥爭，而是要想辦法將它轉化。老子在《常清靜經》中提到：「人神好清，而心擾之；人心好靜，而欲牽之。常能遣其欲，而心自靜；澄其心，而神自清。」

這段話的意思是說，人的神本來是喜歡「清」的，可是心會去干擾它，而人的這個心本來也是喜歡「靜」的，可是「欲」會去牽動它。所以，心才會離開本來「靜」的狀態而變成「動」；這時候變動的心就會擾亂神，然後神就從「清」轉變成了「濁」的狀態。

我們的神不清、心不靜的主要源頭是在於「欲」，如果人能夠「遣其欲」，心自然就會靜，當心沉寂下來，神自然就會清。因此，關鍵處在於我們要能夠驅使這個「欲」，人本來就會有欲望，但是不能被欲望所牽制，轉化的方法不是去消滅欲望，而是要能夠駕馭它。

「欲望」是人類與生俱來的無明習性，存在人類集體意識。它最大的特色就是貪瞋癡，這個欲會牽動我們的心、干擾到神，心神不安寧就是離開了生命本來的狀態。

「欲」讓我們的內心充滿空虛、恐懼、憂慮，看這個也要，看那個也要，一輩子幾乎都是在忙碌於填補欲望的需求，造成生活也充滿壓力、煩惱與痛苦，無法享受幸福美好的人生。

當我們了解「欲」就是毀掉幸福的兇手之後，人的慣性思考就是要跟它對治，衍生出另一種折磨。欲望其實是心性的投影，除非生命結束，心智活動停止，這個影子才會消失，否則人只要活著，它就如影隨形跟著我們。

那該如何是好呢？老子已經告訴我們要「遣其欲」，而非「滅其欲」。把欲望比喻成脫韁的野馬，老是不受約束、不受控制、到處破壞，拉著我們做了許多令人後悔的行為；主人對牠無可奈何又一籌莫展，只能跟牠長期抗戰，可是若用心找到方法，好好教化、馴服牠，總有一天就會聽話，野馬願意聽主人的差遣變成良駒。

「心智是騎士，大腦是馬，而握著韁繩的是你。」

——狄帕克·喬布拉（Deepak Chopra，美國醫學博士）

人要解脫習性的束縛就要洞悉生命的內涵，生命是一種活動，大自然也是一種活動，人類生命的活動是大自然活動的一部分。生活是生命跟外界一切人、事、物互動的過程，其實天地、生命與生活都只是一些活動在進行而已，可是到我們這裡就變成是非對錯、愛恨情仇，當然會形成苦惱。

就像我們沒有辦法選擇什麼時候生，出生在什麼地方，也沒有辦法預料什麼時候會離開，生命活動過程所接觸到的人事物都是「緣」；因緣成熟條件俱足就「生」，叫做緣聚，條件分離就「滅」，叫做緣盡，世間的一切就是緣聚和緣盡，任何事情都是這樣。

有個人為了一筆重要的生意要前往國外，因為在高速公路塞車，沒趕上預訂的班機，而感到生氣懊惱，結果不到二個小時後，竟傳來那一架班機失事的消息。這個人又變成慶幸了，慶幸自己逃過一劫。

如果我們要研究有些人為什麼會搭上那班飛機，有些人會剛好沒搭上，或許人會說是因果、福報等等。其實這只是緣，雖然世間有所謂的善緣與惡緣，因為人們喜歡的緣就叫善，不喜歡的緣就叫惡，所以我們還要進一步超越善惡。

不論你現在陷入多大的困境都不要難過，反之，就算你現在過得非常如意也不用驕傲，因為這些順境、逆境都不是單一事件造成的，它是很多條件因素形成的。

人類真正的煩惱是來自於內心空虛、不安於現況，經常煩惱過去且憂慮著未來，所以無法活在當下。我們何苦這樣子！天地讓每一個人誕生在地球上，就自然讓我們俱足一切所需，只是我們自己認為不夠，問題就出在這裡。

天有不測風雲、月有陰晴圓缺，但是我們只喜歡圓無法接受缺，人的福份不會因為追求就增加一分，也不會因為不求就減少一分。因緣沒有俱足，縱使我們去求，也是白費力氣，只要因緣俱足就算你沒有求，它還是照樣發生。

人的內心空虛就會創造很多需求來填滿，一般來說會尋求具有刺激性或是成就感的東西來填補，因為這樣可以令人暫時忘記空虛。一些具有刺激性的物品，像煙、酒、賭、毒品等等，就是這樣被創造出來的；現代科技的發展各式各樣刺激的事物會一直被開發出來滿足人類的空虛感，例如，電視、網路、電玩。

然而，人最難克服的是無形無相的成就感，它是一種獲得別人的肯定的需求。而且我們會將它理想化，所以很難察覺追求成就感的源頭，竟然是內在一種空虛！

舉例來說，有些人連性命都可以不要，就是要得到他人的讚美肯定；有些人追求財富不是因為金錢，而是為了獲得成就感；有些人為了臉蛋身材，可以花將近一部汽車的費用；有些人為了一台汽車，可以花掉一棟房子的錢；有些人為了一樣商品，可以漏夜排隊搶購。

剛擁有這些東西的時候好開心，可是它能持續多久？追求這種刺激性令人有快感，但是卻容易使人上癮，越是執著越容易掉入痛苦的陷阱。我們以為的糖果卻可能是毒藥，物質滿足了欲望卻單薄了心靈，只有脫掉名牌虛榮的外衣，才能真正了解生命的價值，拔掉社會集體價值觀的插頭，我們才能跟天地重新連線。

古人純樸簡單的生活，在現今的社會已不復存在。如果有一天，沒了手機或網絡，你會如何安排自己的生活？網路科技產品愈來愈普遍，除了電腦、手機以及平板，人手一支智慧型手機，走到哪裡滑哪裡，很多人沒有自覺，自己其實已經使用網路成癮了。

現代人對網路及手機的依賴實在很深，已經漸漸超過電視，而且到了上癮的地步，如果一天沒有上網，就會不知道日子怎麼過下去！電視、網路、手機，究竟有什麼魅力，能夠讓人如此沉迷？

任何能讓人沉迷的東西，並非來自它本身的魅力，而是它具有刺激性，因為人的心裡寂寞，所以需要藉由外在事物的刺激來滿足。事實上，我們要戒掉的不是網路，而是內在空虛產生的依賴症。

我們已經被空虛感所綁架，因此，一旦孤單的時候就馬上需要尋求慰藉。一有空檔時不是撥手機找人講話，就是上網發訊息抒發心情或讀取回應，然而下線之後反而覺得更寂寞！這種不耐寂寞的心理狀態，把實現貪欲所產生的刺激當成快樂，誤以為依靠外物可以滿足空虛，這是一種感官上的錯覺。

一直在事業上衝刺的人，有時候冷靜思考一下，我們為了追求成功、避免失敗，通常選擇的策略是努力想掌控外在一切，這種根植於內在恐懼的做法，往往變成劃地自限，我們的生命就這樣被一股隱約不安的力量推動著。

一個人打拼努力的動力來源，如果是來自於成就感的話，正顯示內在處於空虛的狀態，可是相信這樣的說法很多人不願意承認，甚至會反彈不高興，正因為它是「正當」的行為。

社會集體的思維已經認同接受這樣的狀態，它被美化包裝的很好，但是我們還是可以從這樣的行為當中，慢慢的察覺在衝刺事業的過程之中，自己是否真正感受到自在喜悅，還是為了獲得肯定讚美而被自己的欲望所征服。

為了滿足空虛的心，人類做出很多無法理解的事情，包括地球生態現在會變成這個情況，也是同一個原因。人類的心靈空虛，它是個無底洞，人永遠有挑戰不完的目標，貪欲是壓力的根源，滿足欲望的過程其實就是在消耗我們的生命能，心有所求讓我們離開生命的本來狀態，這是人類病痛及煩惱的源頭。

一個人要活下去，其實並不需要那麼多花費，只為了食衣住行，也不必那麼忙碌。但是，我們常被錢這件事搞得筋疲力盡，人是為了生活而賺錢，可是我們卻為了賺錢而生活，賺錢已經不只是為了食衣住行。

我們的妄念太多，需求更多，一般人想要的東西，如果列出一張清單，可能永遠列不完，才會老是覺得錢不夠用，想要的多於實際需要的，因此從早到晚都在想錢的問題。

有空的時候打開櫃子看一看，家裡面塞滿一堆不需要的東西，或是完全用不到的物品。古人說：「知足常樂」，真正的滿足應該從外來的刺激感轉化為內心的安寧。不知足是貪欲的本質，一般人的內心都處在這種狀態下，這個無底洞永遠不可能填滿，再怎麼填補只會讓空虛擴散的更寬廣而已。

然而，問題是不知足的人並不知道自己不知足，還認為自己可以將其填滿，因此一個接著一個地往洞裡面丟，得到了想要的東西刺激一下便會消失，又再製造下一個刺激。

從這裡就可以發現比起欲望得到滿足，人們眷戀於追求的過程，錯把短暫的開心當成快樂，這實在沒有任何意義，這樣就像是欲望的奴隸，多數的人如果沒有經過身心修練的方法來轉化的話，真的很難改變這種根本習性。

「不知足的人給再多都不夠。」

——伊比鳩魯（Epicurus，古希臘哲學家）

古人說：「知足常樂」。

真正的滿足要從外來的刺激感轉化為內心的安寧。

十五、學吃虧

中國大陸以前流傳一句話：「皇家看故宮，民間看喬家」，它現在被列為一級國家古蹟，喬家大院的建築地位可見一斑。由張藝謀導演，鞏俐主演的電影《大紅燈籠高高掛》，拍攝地點就在山西的「喬家大院」，這裡是晉商的大宅第，富裕六代時間長達兩個世紀，其中的祕密就隱藏在這座大院裡。

晉商與威尼斯、猶太人，並列為世界三大商人。「晉商」，指的是中國山西商人，從明朝初發跡至民國初年沒落，歷經五百多年，他們突破富不過三代的魔咒，在荒地上蓋起一座座高牆大院。

山西土地貧瘠，在交通不發達的年代，晉商的馬車與駱駝隊伍開闢出中國的茶、鹽路，他們以山西、河北為樞紐，南起武夷山，北越長城，貫穿蒙古戈壁，經西伯利亞通往聖彼得堡、歐洲的國際商路。

他們還創辦中國第一代的銀行，成為首批金融資本家，並首創員工入股分紅，並落實所有權與經營權分離，他們打通北至莫斯科、西至倫敦、東至紐約的茶路與金流。在當時晉商們的總資產，比清朝國庫裡的存銀還要多，但晉商不積極求取官位。

一座座壯觀的古建築群反映出昔日晉商富可敵國，面積超過三百坪的民宅大院，就有一千多座，這一千多座大院，比中國任何一個地方明清民間建築規模都大。時到今日也很難想像，中國昔日的金融大街，竟在黃土高原上的山西！

「喬家大院」位於山西省祁縣喬家堡村，財富排名山西第三的喬家，大院門廳顯著位置掛著「學吃虧」匾額，這個家訓時時刻刻提醒後代子孫。

乍看之下令人摸不著頭緒，但是如果深入了解喬家的家族文化，你就會知道這句話所代表的重要意義。因為喬家的富貴能夠維持六代，即是實踐了吃虧精神之下的結果。

喬家第一代創始者喬貴發是個不識字的長工，兩百多年前在邊境幫人拉駱駝，後來轉行靠做豆腐起家，慢慢經營成鎮上第一大商號，開創了喬家基業，他靠的不只是勤勞努力。

他的理念是：「寧可少賺錢，不能失信；寧可不賺錢，不能失信；寧可賠錢，也不能失信。」喬家第三代掌門人喬致庸，將其經營理念總結為三個字：「信、義、利」。先是信義，然後才能得利。

他們如何實踐「信義優先於利益」的精神？喬家販售茶葉為了避免從武夷山長途運送至北方，沿途茶磚會有破損，擔心客戶吃虧而失了誠信；喬家將所有標示一斤的茶磚，實際上都加秤一兩給客戶。

不僅如此，喬家賣油、賣糧食的斗秤，比其他商家大。乍看之下每筆生意都比別人吃虧，長期卻贏得客戶的死忠信任。不只是喬家，許多晉商都遵循此道，才能將其內化為「集體力量」，也才能對外贏得共同名聲。

一八八七年，山西出現三百年來最大的一次旱災，當時有三分之一人死於這次災荒，甚至出現人吃人的慘劇。這場災荒喬家捐獻了三萬六千兩白銀，並搭帳棚提供災民三餐，根據地方誌的紀錄，喬家賑災款項為全省最多。

而且喬致庸嚴格的規定，賑災期間，災民沒開飯喬家人不許開飯，喬家上下所有人生活水平降至最低，喬家學吃虧的處世智慧，代代相傳到現在仍然觸動了許多人內心的良知。

年輕時常聽長者說：「吃虧就是佔便宜」，心中實在不以為然，現在年紀漸長，才體會箇中的奧妙。吃虧，其實不是真的吃虧，而是預備領受另一種恩典。人的良知發動的時候，自己的表層意識是不知道的，表面上看起來好像你損失了一些有形的東西，實際上你卻獲得了無形的加持力，這是千金難買的精神資產。

如果一個人的為人處世，做到不但朋友來感謝我們，連敵人也祝福我們，而且不管朋友和敵人都不知道他在祝福我們，這才是真正的福報。對一般人來說，日常生活能夠不貪小便宜就算是不錯了，有誰願意吃虧呢？

人們都聰明的很，隨時都在思考如何斤斤計較，更何況還要吃虧，當遭遇吃虧的事情時，我們總是有一些慣性的反應，寧可讓別人吃虧自己也不能吃虧，只要覺得不合理一定要討回公道。

其實，不是我們要不要吃虧，而是能不能，吃虧是一種氣度胸懷，一種高尚修為，吃虧的人是有福氣的，我們看那些有福報的人，他們的思維模式都是寬以待人，寬到沒有界線的人，就是福報沒有界線的人。

所以，做人一定要學會吃虧的藝術，它能救助一個困惑的靈魂，難得糊塗有益身心健康。人要培養從容坦然的雅量，那種很精明的人，整天都在盤算，連睡覺都在計畫明天要怎麼樣、怎麼做，頭腦一直在盤算，非常的勞碌命。

「愚者貪便宜，智者善吃虧」，貪便宜的結果往往會吃大虧，我們眼前看起來，好像佔了便宜，但不見得是真的佔便宜，就拿食品安全事件來說，都是貪圖利益、佔便宜的結果。

商人以低價劣質油混充高級油品來混淆大眾；以人工香精冒充天然香料欺騙顧客；以低價進口米混充在地米賺取價差，這些商人佔便宜的結果反而吃大虧，人有良心的譴責，佔人便宜產生的罪惡感，讓人睡覺都會不得安寧，真正得不償失。

古人說：「以人為鏡，可以知得失。」很多人買東西特別喜歡撿便宜，這個要留意了，買賣要合情合理，大家要皆大歡喜，寧可吃虧也不要單方面佔上風。大自然存在一種法則，有所得就必有所失，有所失就必有所得，對方給你精神上的祝福比物質上的更有價值，這種東西有錢也買不到。

《聖經》說：「施比受更有福」這個道理雖然很淺顯，寓意卻非常的深遠。一個有能力付出的人，就代表處於豐富的狀態；而一個需要獲得的人，其實正處於匱乏的狀態。

福報就像銀行的帳戶存款，施就是把福存入銀行帳戶，受就是提領存款。因此，奉獻越多的人福報就越大，經常接受人家的付出就是在消費福報，平時只知道享福的人就像把錢花費掉，如果等到帳戶沒有存款，就是苦難來臨之時。

自古以來為什麼佛家勸人要佈施，有智慧的人喜歡廣結善緣，真正付出的人不貪求福報，如果是為了福報而施捨，為了求功德而行善，這種動機來自於私心的善行，也不過是滿足欲望的另一種表現罷了，能夠無所求的奉獻付出才是最自然、最豁達的。

在浩瀚的宇宙裡，人類其實非常的渺小，不論我們一生的名利、權勢多高，最後還是歸於塵土。世間的一切很多時候越是心有所求，我們就越不自在，更沒有辦法得到它。當心無所求的時候，反而很自然的，很多事物不求自來。

但是，這件事可不能模仿，壓抑的欲望終究還是會爆發，它是身心修練後的結果，人生沒有十全十美，我們本來就在不完美的世界裡，生活就是修補生命的歷程。

「生命是一種長期而持續的累積過程，絕不會因為單一的事件而有劇烈的起伏。屬於我們該得的，遲早會得到，屬於我們不該得的，即使一分也不可能長久持有。」

——彭明輝（台灣學者）

曾經到過泰國旅遊的人應該會有一種感受，泰國人好像很快樂，尤其在首都曼谷以外的地方更是如此，這裡被稱為「微笑的國度」。為什麼他們能夠這麼優哉呢？泰國人的樂天主義，其實是長年累月經過環境的熏陶，精神信仰及傳統文化是塑造這種性格的主要原因。

一句泰國人經常掛在嘴邊的口頭禪：「nai-pen-rai」它的發音：麥扁賴，意思是

「沒關係」的意思，我們一般所講的沒關係，通常是表示「喔，這樣子，那就算了吧！」總略帶有一點無奈感，但是他們這裡的沒關係意思可不一樣，它是指：「放下，管它的，照樣生活吧！」

人生苦短，所以要及時行樂，萬一遇到不如意的事情，何必計較呢！最重要的是把心放下，算了，沒關係，已經發生的事，還有什麼好說的，繼續昂首闊步，把繼續向前走吧！

有一個情境笑話：在美國，你若不小心跌倒，沒人會理你，大家一副若無其事的樣子；在台灣，有人很緊張的過來關心，問你有沒有怎麼樣；在泰國呢？他們會笑個不停，然後跑過去幫忙。

泰國是深受佛法薰陶的文化思想，泰語中有許多跟「心」（Jai）有關的詞彙。心，是一個道德指標，待人接物、利益取捨，幾乎樣樣都經過心來考量。泰國人會告訴你，快樂源於心清涼（Jai Yen），意思是「放輕鬆」；而會引來不幸則是心焚（Jai Ruoan）意思是「太急躁」。

泰國有百分之九十五的人是佛教徒，男人有短期出家的傳統，在當地出過家才算是一個成熟的男人，才能獲得社會的認可與尊敬。泰國人原本的「寬容」特質，加上佛教文化的影響，共同形成一個社會集體意識，加強了泰國人「樂天知命」的人生觀，但是以資本主義社會的觀點來看，一定會覺得他們消極不求進取。

泰國人的生活方式比較接近遠古人類的祖先，他們天性樂觀，順從自然，隨緣生活。宗教信仰讓國人始終相信每個人都有一份尊貴的神性，社會上人人自覺自動地發揚這份精神，人與人之間長期互相熏陶，產生一種集體生命價值觀，所以在泰國能聽到那麼多自然和諧的笑聲。

悲傷與快樂都是會傳染的，快樂的人總讓身邊人快樂，別人又投桃報李，不免讓他們更加快樂了。泰國人的快樂生活哲學，當然有其獨特民族性，但是將快樂的泉源歸依到心靈的精神，實在值得我們學習。

十六、得失從緣

人很容易有一種莫名的恐懼感，總是不知道自己在擔心什麼！追根究柢起來不外乎是害怕失去已經擁有的東西。

我們的心性最容易在面子、金錢、情愛三個領域起考驗。人們習慣性依賴外在的事物，如外貌、錢財、名聲、地位、權勢、尊嚴來填補心靈的空虛，遮蔽內心的失落。

心理學家研究指出，好面子是自卑感及虛榮心過強的表現，也是自信不足的體現，而用一種虛假方式來掩飾自己的自尊心。

男人一輩子汲汲營營在追逐權力，「權力」其實就是愛面子的極大化；女人則努力想辦法讓青春永駐，「愛美」也是愛面子的極致表現。

這些東西如果我們不去超越它的話，我們永遠會在牽掛中度過一生，要超越其實並不難，只要認識緣的存在。

所謂「萬法因緣生，萬法因緣滅」，世間上的一切事物，都不是憑空出現的，也不能單獨存在，因為各種因緣聚合的條件下產生，也在因緣分離的條件下消逝。過去，現在和未來的因緣互有連結，這種錯綜複雜的關係，就形成了宇宙萬有萬物，這個道理就叫做「緣起」。

緣起並不是佛教所創造的，而是宇宙一切活動的核心本質，佛陀於二千五百年前，只是發現了這個自然的法則，然後將他證悟的道理告訴大家。

緣起的先決條件在於「因」，有了「因」加上「緣」，條件具足，才會生出「果」；沒有「因」不可能有「果」，有因無「緣」也不會結「果」。

譬如一顆松樹的種子被風吹落在地上，需要陽光和雨露的滋養才有機會發芽，發育的過程還要受到土壤的養分、空氣等環境因素的影響，經過日復一日的生長成為一棵大樹。這當中種子為因，風、陽光、土壤、空氣等均是緣，這些因緣都聚和在一起，才會有一棵大樹。

如果這一顆種子是掉落在河裡或被人收藏起來，由於沒有外緣的助長，就不會有新的生命延續。因此，佛陀告訴我們，生命的一切不是由一位「造物主」所主宰的，乃是多種因緣造化而成的，畢不是表象所看到的單一原因。

所以，佛法又稱為因緣法，目的在勸導世人要懂得隨緣；隨緣不是單純的看開，而是要看得透澈，要能夠洞悉宇宙的實相。

認識因緣法則的重點不在解釋宇宙的起源，而是在了解事物相互之間的關係，特別是明白人生苦樂的來源。從緣起的概念可以了解到，任何事情的結果，都是由因跟緣共同組成，任何人要擁有幸福的人生，就必須付出幸福的因，以及廣結善的緣，才有可能產生幸福之果。

「因」是個人能夠控制的部分，「緣」是來自外在的環境，我們要盡力在因上面做努力，對外面的緣則不要強求，對於結果自然就能保持平常心。

如果由於過去沒有種下善因善緣，眼前已經嚐到了苦果，也要懂得因緣的關聯，能夠隨順因緣，重新培植因和緣，而不是一味的在結果上下工夫，這樣只是徒增煩惱。假如不願接受既成的果而一再怨天尤人，等於又製造負面的因，陷入惡性循環，等到苦難來臨就後悔莫及了。

緣起法則也帶來兩種啟示：第一、宇宙萬法的本質是「無常」，「無」是沒有，「常」是固定不變；無常就是沒有固定不變的意思。

世間一切的運行都在變化，包括天地間星系的運轉，世上的名利、財富、親情、愛情，各種你能想的到的東西，沒有什麼是恆常不變的。我們不可能永遠都有依靠，也無法永恆的擁有任何事物，所謂「人無百日好，花無百日紅」，這正是無常的道理。

生命也是如此，人生像一場夢幻泡影，所有人都會經歷的生老病死，透露的就是無常的面貌，倘若不接受這樣事實，在面對生活種種人事物變化時，只會帶來各種苦的折磨。

第二、大自然的所構成的一切相互關係，在這樣的群體關係之中，「小我」是不存在的，記得我們之前，曾經提到宇宙全息的概念：「世界的最根本層級，是一片糾結相依的複雜網絡，沒有一件可以稱作是真正獨立的個體。」宇宙的實相是「無我」，但是我們卻習慣以小我為中心。

就像我們會說：「這是我的小孩」，當然這確實是你的孩子，但是他（她）還存在著其他層次的關係，他（她）也是祖父母的孫子，也是學校老師的學生，也是同儕的朋友，也是國家的國民，也是大自然的一份子，每一個人同時都具有多重的身分，我們跟孩子只是其中一種親子關係而已。

如果人能夠建立起「無常」、「無我」這兩個觀念，我們被外在人事物給綁住的程度就會降低。

從緣的角度來看人生就可以發現，世界原本是中性的，可是人們習慣將它二分法，凡事都要分成好與壞，事物的本質超越這一些，好的有可能變壞，壞的也有可能變好，今天你愛不釋手的東西，過一陣子或許就不喜歡了。

既然大自然的活動無常，人類的生命也是無常，面對人生是不是會變得消極？事實上，認識世間無常現象的意義，在於透過了解生命的真相，我們無法主宰外在的世界，但是我們卻可以改變內在的世界。

俗話說：「山不轉路轉、路不轉人轉、人不轉心轉」，無論世間如何的變化，我們都能夠調整到隨順因緣，才能解開生活點點滴滴的困惱。洞悉你所擁有的一切都將會失去，更應該別計較得失；知道生命非常短暫更關心身邊的人，更應該珍惜時間，把握當下活得自在快樂。

有一位漁夫在湖邊捕魚，突然聽到有人大喊：「有人落水了！」漁夫馬上跳入水中，把人救上岸來，被救的是一位少婦。

漁夫問說：「你年紀輕輕，為什麼要自尋短見呢？」

少婦說：「我剛結婚三年，丈夫外遇拋棄家庭，我的孩子生病也死了，你說我活著還有什麼意思？」

漁夫又問：「三年前你是怎麼過的？」

少婦的眼睛一亮：「那時我無憂無慮、自由自在。」

漁夫說：「那時你有丈夫和孩子嗎？」

少婦答：「當然沒有。」

漁夫接著說：「那麼你不過是被命運送回到三年前的狀態，現在的你又可以無憂無慮、自由自在了。」

少婦揉了一下眼睛、想一想，這恍如像一場夢，便向漁夫道謝後離開，後來這位少婦再也沒有尋過短見。

三年前少婦是快樂的，三年中有丈夫和孩子的相伴，她也曾經是幸福的，然而三年後失去一切，卻陷入痛苦的泥沼中無法自拔。得到與失去都是一段緣起緣滅的過程，三年前的快樂猶在心中，卻難以抵消三年後的苦惱。既是如此，又何苦執著？得失都只是生命活動的歷程。

一般人遇到生活上不如意，總是執著於既成的結果，這樣的後果往往只會讓自己的痛苦指數增加而已。很多的事情原來都是心態的問題，但改變內在這件事可不是用力蠻幹就可以的，心靈要轉個彎才能到達目地的。

由於我們的思維已經迷失很久了，因此需要有人指引，才容易回歸到正確的道路。修心養性的目的就是要讓我們產生智慧，認識生命的內涵，提升身心狀態，來解除生活中的苦惱。

人們總希望世上所有美好的事物都可以長期擁有，可是這個世界真實的相貌卻是無常，任何東西到最後終究會變化或消失。如果我們的心沒有解脫，當無常來臨時就會痛苦；所謂的解脫並不是將一切全丟掉，什麼都不要，而是說當我們擁有的時候，可以盡情的享受，有一天失去的時候，也能夠瀟灑的放下。

人總是慣性去認定事情的對錯與好壞，這是需要破除的，一個人能夠站在緣的立場，以緣份代替得失，以不同取代是非跟好壞，認知善的惡的都是緣，若可以從緣的角度看人生，就是一種精緻的智慧。

「人生如夢，一尊還酹江月。」

——蘇東坡

唐朝會昌年間，一位讀書人——呂岩，字洞賓，永樂人；他從小天資聰穎，經過鄉試中了秀才，也赴省城考試中了舉人，等到三年一次進士科考試的機會，準備赴京趕考。

這一天，他趕路到長安城郊一間客棧，他又累又餓，一見到店老闆就問：「老闆，有沒有飯啊？」

店老闆答：「飯剛下鍋，還未煮熟，茶倒是現成的。」

呂洞賓說：「那先來壺茶好了，我要吃飯，吃完飯還要趕路。」

店老闆說：「好！等會兒就來了。」店老闆不慌不忙的沏了壺茶給客人，就回頭去燒飯了。

這時候呂洞賓喝著熱茶，乘著樹下的涼風，不知不覺便睡著了。睡著後，他夢見自己中了進士，又經過由皇帝主持的殿試中了狀元，接著做了縣官並娶了富家千金，仕途一路平順，子女長大婚嫁之後，子孫滿堂家庭和樂融融。

就這樣四十年匆匆過去了，他的官位也一路高升做到了宰相，但由於功高遭忌又得罪了人，有人向皇帝舉發呂洞賓將密謀造反，因此家產全被抄走，家破人亡，晚景淒涼。

這一天，他獨自一人流落在荒郊野外，當時站在風雪中，正歎息著人生無常，忽然醒了過來。

這時鍋子裡的飯還沒煮熟，店老闆站在旁邊笑著吟了一首詩：「黃粱猶未熟，一夢到華胥。」

呂洞賓很驚訝的問：「難道先生知道我做夢？」

店老闆說：「你剛才的夢，浮浮沉沉，榮辱萬千，四十年就像一剎那呀！得到了不值得歡喜，失去了也不值得悲傷，人生就像一場夢。」

呂洞賓想到一生榮華富貴四十年，拼死拼活為何事？到頭來抄家滅族一場空，真是悲哀啊！

他當下開悟，決定放棄對功名的追求，同時心想這位店老闆一定不是尋常人，於是呂洞賓毫不遲疑地跪了下來拜師，請求這位店老闆收留為徒，上山修道去了！

這個店老闆是誰？他就是漢朝時期已修道成仙，特地前來度化呂洞賓的鍾離權。呂洞賓的紅塵夢醒時，鍾離權下在鍋裡煮的黃粱還未熟，這就是「黃粱一夢」典故的由來。

為什麼人們出國旅行時，心情總是特別輕盈？因為我們內心清楚明白，不管當地的風景多麼優美，美食多令人陶醉，人情多麼溫暖，自己仍然只是一位過客，所以你不會想抓住任何東西，只想輕鬆自在地享受當下的每一刻。

人生的旅程何嘗不是如此？每個人來到地球上就像一趟異國之旅，最終我們都還是會回到心靈的原鄉，那麼中間這一段時光，何必那麼執著要掌控一切，讓自己過得壓力重重，倒不如學學泰國人遊戲人間的精神——麥扁賴，別忘了我們只是地球的過客！

「應無所住，而生其心」

——《金剛經》

十七、平常心是道

什麼是「平」？平是指平靜，心如果不平就像戴著一個有色的眼鏡看世界，我們自然無法看到事物的真面目。不平的心會帶動身體產生過度的反應，當心平了氣就和，氣和身體自然放鬆，身心和諧才能自在無礙。

什麼叫「常」？常是指恆常，了解世間無常的真實義，當我們洞悉變化無常的時候，我們的心就可以常常保持在「平」的狀態，這個時候面對外界各種問題、情境，就能如如不動了。

我們的心如果能夠「平」、達到「常」的狀態，「心」就會像一潭止水一樣，這潭水不會因為外在的一點風吹草動就波濤洶湧。這個時候，不患得也不患失，面對外在的境界變化時就會產生「定力」，這就是平常心。

《金剛經》中有一句話「應無所住，而生其心」。無所住是指心不要執著，保持平常心，這時候的心清淨了就會生出智慧。相對的，如果始終處在斤斤計較、患得患失當中，讓原本平靜的心變成混濁，就無法發揮生命本體的功能。

人沒有經過生命的轉化，其實很難沒有偏好厭惡，心情也不太可能平靜無波。所以，我們可以先撥下種子，試著用平常心舒服生活，平常心並不是看破紅塵，而是

「別為打翻的牛奶哭泣」（Don't cry over spilled milk），這是英國一句諺語。

好不容易泡好的牛奶，因為一個閃失被打破了怎麼辦？是看著被打翻的牛奶傷心哭泣，還是可以做點別的？就像一個籌備許久的計畫碎了，面對生活中屢見不鮮的挫折，別自怨自哀而是要沉靜地收拾殘局，處於逆境不需焦慮沮喪，即使小有成就也不用驕傲。

人會煩惱來自缺乏正見，尤其是太在意利益與得失。佛教最基本的理念，就是透過思維的淨化（自淨其意）達到離開痛苦得到快樂（離苦得樂）的目的。想要獲得美好的人生其實不必一直追求外在事物，而是能時時刻刻保持平常心，任何人在沒有得失之心的當下是最有力量的。

談到日本劍術許多人可能會聯想到「劍聖」——宮本武藏，他一生經歷過六十場決鬥從未失手，他的傳奇故事至今仍是膾炙人口。這位日本戰無不勝的武士，除了不斷在兵法上精益求精，還精通繪畫、書法、茶道、雕刻、詩歌等藝術，是個文武兼修的奇才。

宮本武藏認為世間每一種學問都有箇中道理，就像花有花道、商有商道、醫有醫道，武學之術也應有其道，那就是武士道，也就是兵法。

兵法講求克敵制勝，卻不只是求勝而已，真正的兵法之道，其純熟能無時不刻的運用，它精深的學問能夠解決世間所有難題，無論什麼人要立身處世，都需明白其中的道理。

任何人只要能領悟「道」的內涵，就能夠通達其他領域的道理，最重要的是每個人都必須勤奮修練自己的人生之道。

據說有一位徒弟當年要拜宮本武藏學藝時，一見面就問：「師父，我想成為一名出色的劍客，努力學習的話大約需要多長時間？」

師父回答：「一生的時間。」

徒弟說：「師父，可是我不能等那麼久，只要您肯教我，吃再多苦我都願意。」

師父回答：「也許要十年。」

徒弟又說：「家父年紀已高，過不久我得照顧他了，如果我更加賣力地苦學，需要多長時間？」

師父回答：「這樣要三十年。」

徒弟不甘心地說：「一會兒說十年一會兒又說三十年，為什麼會這樣？我下定決心一定要在最短的時間內精通劍術。」

師父回答：「欲速則不達，急功近利的人都是這樣。如果你是這樣的心態，你得需要七十年的時間。」

徒弟終於明白原來自己太心急了，便靜下心來拜師學習。

宮本武藏收下這位弟子之後，不但沒教他任何劍術，而且不跟他談論劍術，連劍也沒讓他碰一下，只是叫他每天燒柴、做飯、洗衣、打掃等打雜工作。三年的時光就這樣過去了，徒弟每天都只是做些苦役，每當想起自己的前途，內心不免有些茫然。

某一天，徒弟在幹活的時候，師父悄悄地跑到他背後，以木劍給了他重重的一擊，徒弟在沒有防備下被打的鼻青臉腫。

第二天，正當徒弟忙著煮飯的時候，再度出其不意地襲擊了他。無論什時間與地點，徒弟都有可能受到師父出其不意的襲擊。

從此以後無論晝夜，徒弟時時刻刻都得保持高度警惕，隨時預防突如其來的襲擊。日復一日年復一年，這位徒兒最終也成為一流的劍客。

宮本武藏在其著作《五輪書》提到：「一切事物都有節奏，兵法尤其如此，若未能順其節奏修練，便難以成功……萬事萬物都各有其不同的節奏，務必清楚區分成功的節奏與失敗的節奏。」節奏的掌握，則必須靠平常心。

他接著又說：「兵法之道，惟平常心而已。」如果心浮亂則節奏亂，節奏亂就無法掌握局勢，自然容易露出破綻被，被敵方取得先機進而落敗。

一個人在處理日常事務或者在決鬥的時候，應該沒有兩樣，都要同樣坦蕩率直，保持平常心，不緊繃也不鬆懈，心要平靜穩定，不被身體牽動干擾。隨時留意心的狀況，而不是注意身體的反應，讓心豐富但是不自滿、知足而不逾越，沒有個人喜好厭惡。這樣的狀態雖然看起來很柔弱，但是內在卻是剛強的。

不要讓心混濁不清明，眼界要保持寬廣開闊，要從高處的地方進行思考，修養心性跟磨練智慧一樣重要。看透事物的正反兩面，明辨是非善惡不受人擺佈，體驗各種技藝及明白各種道理。

在平常生活中保持戰鬥的體態，也在戰鬥之際保持尋常態度，這就是兵法智慧的核心。不受外界的迷惑，以平常心看待世間萬物運行變化，這樣的武道精神用在為人處世也有異曲同工之妙。

「夫君子之行，靜以修身，儉以養德；非淡泊無以明志，非寧靜無以致遠。」

——諸葛亮

「心有所住，必有所礙。」人的心中有所執著，包括人、事、物，都容易形成掛礙。

很多熱帶地方都有種植椰子樹，結實纍纍的椰子是猴子最愛的食物之一。在印尼當地有一種抓猴子的陷阱，人們將椰子挖個洞，裡頭放一些猴子愛吃的食物，這個小洞只能讓猴子空著手伸進去，無法握著食物出來，然後把椰子綁上一條繩子，掛在樹上或放在地上。

當猴子聞香而來時，會迫不及待地將手伸進去，抓了滿滿一大把的食物。可是無論怎麼使勁用力，握滿食物的手始終無法抽出來，此時守候多時的獵人就輕而易舉地抓到猴子了。

其實，剛開始只要猴子放下手中食物，就可以伸出手逃走，只要放下貪求執著的心，馬上就可以逃離險境。

然而，心中的欲念使我們放不下，執著本身就是一種汙染，會障礙本來的智慧，人很多的痛苦都來自於執著，把我們束縛不得自在。所以，要走出生命的困境，要懂得適時放下的學問。

「我們想要控制的東西，控制了我們的生命。」

——梅樂蒂・碧緹（Melanie Beattie，作家）

人人原本就具有富足的智慧，
只要打開心靈之窗就能夠幸福過生活，
在追求真理的過程中，
我們所掌握的外來知識，
反而是成為前進的障礙。

十八、所有權的錯覺

歷史上著名的亞歷山大大帝是古希臘馬其頓的國王，年輕時征戰各地所向披靡，三十歲時已經創立古代歷史上最大的帝國。他一生未嘗敗績，被認為是歷史上最成功的統帥之一。就在他意氣風發，準備再擴大自己的政治版圖時，一場突如其來的疾病，使得他一病不起，據說亞歷山大大帝死前有三個遺願：

一、他的遺體必須由他的御醫獨自運回去。

二、在通往墓園的道路要撒滿原本寶庫裡的金銀珠寶。

三、棺木上留下兩個孔把他的雙手放在外面。

大臣問說：「陛下，我們一定會按您的吩咐去做，但請您告訴我們為什麼要這樣做？」

亞歷山大大帝深深吸了一口氣說道：「我想要世人明白我這一生除了擁有權勢成就之外，還學到的三個哲理。」

第一，讓御醫運載我的棺材，是要人們意識到醫生不可能真正地治療人們的任何疾病，面對死亡他們也無能為力，希望人們能夠懂得珍愛生命。

第二，告訴人們我花費了一生去追求成就權勢，建立了多麼輝煌彪炳的功業，死時一樣也帶不走。

第三，希望人們明白我是空著雙手來到這個世界的，而且我也空著雙手離開了這個世界。

人總是把一輩子最精華的時光，用來追求生不帶來，死帶不去的事物。因為我們迷思了，陷溺在社會集體價值觀的大染缸裡，跟著大家一起去追求物欲，過著虛幻般的生活。

每個人過去或現在都擁有過一些東西，未來也想去擁有許多東西，事實上，我們並無法緊抓住任何人事物，擁有便是失去自由的開始。擁有只是一種感覺，當你想要去擁有的同時，你的心就已經被擁有所佔據了，只是自己未曾察覺而已。

人類還未出現之前，地球就已存在四十幾億年，人們卻宣稱我們擁有這片土地、那座森林，但人死後還是塵歸於塵、土歸於土，那麼是我們被土地擁有，還是真正擁有土地！

人生最重要的不是緊握住，而是你的內心曾經為它保留一個空間，輕輕地放著，然後再輕輕地放下；能　放下的人，是有智慧的人，是自在的人，是解　的人。

死亡並不可怕，而是新生命的開始，花落入土復養花，就像一棵倒下的樹，雖然枯死了卻提供養分給其他的生物。自古以來，有生就會有死，這是大自然不變的循環，沒有人可以長生不老，人類應該用智慧看待死亡，而不是畏懼死亡，人生價值並不在壽命的長短，而是活著的時候能為他人做出貢獻。

「人若賺得全世界，賠上自己的靈魂，有什麼益處呢？人還能拿什麼換靈魂呢？」

——聖經（馬太福音 16:26）

人生是一趟旅程，我們都只是過客，在我們還能呼吸的時候，每一樣東西都只是暫時供我們使用，沒有人擁有真正的所有權。

所有權這個名詞是代表永久權，世間的一切哪一樣是我們可以永久持有的，身體最多也是借我們用個百年就要歸於塵土，古代最有權勢的皇帝，擁有大片江山，現在人又在哪裡？

「萬般帶不走，唯有業相隨」，人的一生當中，不管擁有多少權勢和名利，生命結束之後，什麼也帶不走，唯一剩下的就只有「業」。這個「業」就是生命的資料庫——意識，它輪迴累積多世，造成我們思想的障礙，所以又被稱為累世的業障。

所謂生命，就是包含生、老、病、死，生固然是生命，死也是生命。死亡是任何人所不能避免的事，生了要死，死了要生，生死是一體兩面。

【人類天生恐懼死亡的主要原因】

一、從小開始就一直接收關於死亡的負面資訊。

二、對於已經在世間擁有的人事物捨不得放下。

所以，我們一定要在活著時就建立起正確的觀念，深層的恐懼才有機會消除。

星雲法師曾經因為心臟問題住院開刀。

醫生問他說：「你不怕死嗎？」，他說：「這個問題很難回答。假如我說

『我怕死』，醫生會笑我是『沒用的出家人』。如果我回答『我不怕死』，似乎又太矯情了，因為連螞蟻都怕死，人怎麼會不怕死呢？因此，我回答他：『死不怕，怕痛！』因為痛有個限度，超過了限度，本來自以為是個英雄，痛到最後連狗熊都不如。」

很多曾有瀕死經驗人分享到當死亡迫在眉睫、外在事物開始瓦解時，才了解到沒有任何事物和他們有關，包括名字、金錢、房子、名聲、地位……。當死亡來臨時，整個所有權的概念顯得完全沒有任何意義。

在生命的最後時刻，他們終於了解人一生都在追求一種虛幻的感覺，人真正要在尋找的答案，其實一直都存在於本體，只是大部分的時間，我們心迷惑了，一直流浪在外頭，忘記回到靈性的家。

人類生命的活動包含身體的活動與精神的活動，人除了肉體之外，還有個精神體的存在。可是多數人只認知到身體的存在，因而過度重視物質的世界，讓它形成一切生活的依靠。

實際上，除了物質的世界之外，還有一個精神的世界，雖然我們很少去了解它的存在，甚至有些人還會否定它。可是，它依然是存在的。

人生不是一個點狀而是線性的，今天是昨日的相續，未來是現在的延伸。擔心自己變老的想法，會產生各種不同形式的恐懼如影隨形跟著我們，恐懼是製造出焦慮、痛苦的工廠。

人類的心理有一種依賴的傾向，內在不安會使我們被一些外在事物牽著走。然而，如果我們選擇走向靈性的道路，將會發現在精神世界裡老化的問題是不存在的，自然能夠與這些恐懼融洽相處，而不是受到它的壓迫。

放下是一種簡單卻深邃的智慧，人能夠體驗生命的唯一時刻就在當下。其實我們不必去研究人從哪裡來、死到哪裡去？我們應該把握現在、用心生活、珍惜手邊的使用權，展露我們生命的價值。

「一切都是有意義的，萬物互相連結。我們是整體的一部分。每一部分都有其位置。一切萬物都在該來的時候來，該走的時候走。」

——湯姆．布朗（Tom Brown，作家）

每天早上運動時都會遇到一對老夫婦，在路上碰面時總是親切的打個招呼。有一次在半途公園休息時，剛好他們夫妻也來了，緩緩地就坐在對面。

禮貌性的問候：「老伯伯，你們夫妻這麼恩愛，感情這麼好，當初是怎麼互相認識的？」

老先生：「我的老婆是我年輕的時候，以五千元向我丈人買過來借用的而已。」聽到這裡讓人一頭霧水！用買的？借用的？

這時一旁的老太太說：「你別聽他在講，我是名正言順嫁的！」這時看著微笑的老伯伯問：「太太是你娶的，怎麼說是借用的？」

老先生笑著說：「我們剛開始彼此都不認識，是村裡的媒人來回好幾趟，才促成的啦！」

老先生接著說：「世間的一切，都是借我們用的！我們的太太、我們的家財、我們的子孫、我們的身體……都是讓我們借用的！有緣則來，無緣則散不是嗎？我們的另一半頂多也不過是讓我們牽手個幾十年，就要莎喲娜啦說再見了！」

「我們的錢財、房子其實也是經不起天災地變，一個意外、一個無常，說不定就化為烏有了！哪裡是我們永久擁有了！」

老先生又說：「人想要保有一切就是煩惱的開始，世間的人事物其實都是上天借我們的而已，我們只有使用權而無所有權。」

這個觀念很好！也令人聯想到一句廣告詞：「不在乎天長地久，只在乎曾經擁有」，人類根深柢固的慣性思維就是期望已經擁有的東西永恆不變，才會讓自己陷入苦惱之中。

最後，老先生豁達的說：「人要隨份過日，隨緣生活，隨喜自在。」

隨份就是認清自己的本分，隨緣就是認識緣的存在。一個人如果能夠認清自己善盡本分，認清環境隨順因緣，不去執著一切。

該工作的時候工作；該賺錢的時候賺錢；該把握的時候把握；該放手的時候放手。凡事都有因緣無法強求，緣盡時我們要懂得放下，就能隨順環境歡喜自在過好生活。

人活在這個世間，只要好好的盡完自己的本分，時間到了問心無愧地離開，歡歡喜喜的來，歡歡喜喜的走，有緣人彼此互相的祝福，生命就將圓滿而無遺憾。

人生是一個緣，世間是一種活動，那麼一切都是無常，這樣我們不就變得很消極，凡事都無所謂？《論語》說：「君子務本，本立而道生」；「本」指的是根本、本分，一個人能夠務實盡自己的本分，當根基建立起來了，「道」就生出來了。

人只要活著就一直在接收及發出訊息，念頭也是無時無刻都在變化，有時把心靜下來觀察一下，我們每天接收的內容，都是欲望或者能夠滋養心靈的訊息。

當你靜下來的時候就可以察覺到，我們的念頭大多數是一些妄念，這些儲存在內層意識的訊息，就是妄念的來源之一，它讓我們的大腦火力全開，消耗大量的生命能量，這樣的結果導致心智都被牽制了，因此內在才躁動不安！

一位來自印第安那瓦霍族的祖父，對他的孫子說：「有兩頭狼住在我心裡面，一頭是貪婪和懶惰的狼，充滿憤怒、嫉妒與怨恨；另一頭則是良善和喜樂的狼，富同情心、性情溫馴，而且對人有大愛。這兩頭狼時常在我內心爭鬥。」

孫子問說：「哪一頭狼會戰勝呢？」

祖父回答：「就是我經常餵養的那頭。」

透過身心的修練，時時保持平靜，就不容易被妄念帶著走。凡事抱以平常心，超越消極與積極，把握現在不必煩惱過去，也不需對未來感到憂慮！

人真正要在尋找的答案，
其實一直都存在於本體，
只是大部分的時間，我們心迷惑了，
一直流浪在外頭，
忘記回到靈性的家。

十九、師法自然

天地創造出多樣化的生命，包含我們人類，浩瀚無垠的宇宙，多采多姿的世界，無時無刻都發生著奇妙的現象，一切山河大地、森羅萬象處處充滿生機。地球上的生物就像是交響樂團，在大自然演奏著美妙的樂章。

了解自然的最好方法，便是觀察萬物變化，動、植物的動靜之間，每一種生命都可以對我們有所啟發。大自然就像一本浩瀚的百科全書，上含天文下蓋地理，一草一木都是我們學習的對象；大自然是一切智慧的源頭，它是人生最佳的教材，也是我們的良師益友。

【學習大自然的精神】

無為：孕育萬物，無居其功。真、自由、無我的精神。

無量：包容萬物，無可限量。善、平等、無私的精神。

無漏：造化萬物，無微不至。美、博愛、無欲的精神。

古德說：「天地任自然，無為無造，萬物自相治理。」天地運行是一種自然法則，這當中沒有任何的主宰及人為造作，萬物都有一定的步調，扮演好屬於自己的角色。大自然造化孕育的過程，不對萬物任意干涉，順應其天性發展，使其和諧規律的共存共榮。

天地宇宙之間蘊藏豐富的資源，提供了無數的寶藏，可以生成及負載萬物，平等地孕育一切生命，擁有無限的包容力，不分好壞或善惡。所有生物居住的大地，每天有很多活動在陸上進行著，包括人類製造出來的車輛、機具設備，人們也持續在開墾山川及挖掘土地，為了維持環境穩定的狀態，它依然忍辱負重且堅毅厚實，無私奉獻不求回報。

海洋廣大深遠，海納百川不論是溪水、河水一旦流入大海，都變成了海水。船隻行過水面，雖然會濺起一些浪花，但不久就會恢復平靜不留痕跡，海是多麼的寬宏大量。太空無遠弗屆星羅雲布，虛空無形且無窮無盡，鳥兒天空任遨翔。天下之大、萬物之美各有特色，都值得我們觀察體會和學習。

一花一世界，每一種生物的世界大不同，就像人類無法看到紫外光，昆蟲卻對紫外線敏銳。人類是感官知覺動物，我們往往深受慣性的影響而不自覺，感官和實際其實是有差距的，人類的大腦會因為過往累積的經驗，而對真實世界產生認知上的錯覺。

每種動物看到的、聽到的、嗅的東西和思考方式跟我們截然不同，因此，不能單純用個人的角度去解讀所有的人事物。例如，鳥類察顏觀色的能　非常豐富，超越人能想像的顏色。就算同為人類我們也無法了解別人的內在世界，畢竟每一個人的生長環境不同，文化背景也不相同，我們如果只按照自己的觀點去評論其他人的行為，會以偏概全誤解別人，這樣做法是武斷而且危險的。

《聖經》上說：「你們不要論斷別人，免得你們被論斷。」在動物的世界裡沒有是非怨恨，若一個人能不以貌取人、不道人是非、不說人長短，屏除心中的雜念，自然能洗淨身上的汙垢，其實，尊重萬物就是珍愛自己，欣賞別人就是莊嚴自己。

在一個大霧還沒散盡的早晨，一個菜園的一片腐葉上有一隻小蒼蠅出生了，不一會兒這隻小蒼蠅就在空中飛來飛去，牠高興的穿梭在草叢間，突然在附近一間人類所開設的幼兒園窗邊角落停了下來，此時有一群小朋友在屋子裡上課。

牠好奇的看著屋內，老師正對著孩童說：「小朋友，你們平常要是在家裡發現蚊子或蒼蠅，有沒有人知道怎麼辦呢？」

小蒼蠅第一次聽到有人在談論自己，馬上豎起耳朵靜靜的聽。

有一個小朋友舉手回答：「請問老師是不是要把牠們打死呢？」

老師問：「你怎麼知道要這樣做！」

小朋友說：「因為爸爸或媽媽在家裡，每次看到蒼蠅或是蚊子，就會拿起東西把牠們殺死或趕出去。」

小蒼蠅聽到這裡全身發抖，老師又問：「那你們知道為什麼要這麼做嗎？」

小朋友搖著頭異口同聲回答：「不知道。」

老師說：「因為牠們是害蟲。」

小朋友開口問：「什麼叫害蟲，是會害人的壞蛋昆蟲嗎？」

老師說：「害蟲就是有害的昆蟲囉！因為蒼蠅會孳生在垃圾，排泄和腐爛物，然後將一些不乾淨的東西，甚至於細菌攜帶到我們的食物上汙染食物、傳播病毒。而蚊子會吸食人的血……」沒等到老師講完，小蒼蠅便喃喃自語著，頭也不回，緊張地飛走了。

回到家後，小蒼蠅的媽媽看到牠鬱鬱寡歡，就問說：「小寶貝，你怎麼垂頭喪氣的呢？」

小蒼蠅說：「因為我是害蟲啊！」

媽媽說：「害蟲？是誰說的？」

小蒼蠅嘆口氣說：「我聽人類說的，我們是害人的壞蛋昆蟲，有害的昆蟲。」

媽媽搖著頭說：「你知道嗎？我們的祖先在地球生存了幾千萬年，比起人類對自然界的貢獻，我們不敢自稱是重要角色，但是也有我們存在的價值。」

小蒼蠅充滿懷疑的說：「哇！我們比人類更早出現在地球，而且我們對大自然也有貢獻。」

媽媽又說：「你小時候就是自然界的清道夫。在生態系中蒼蠅的幼蟲扮演著分解者的重要角色。蠅蛆可以分解與消化絕大部分死亡後的生命體，並使之成為植物生長所必需的營養，而使自然界的物質循環正常運轉；如果沒有蒼蠅，那麼這個世界可能大部分的空間都被動植物死亡後的屍體所覆蓋。」

媽媽繼續說道：「面對眾多的天敵，我們沒有任何嚇阻敵方的手段或武器，但天地賜給了我們絕妙的飛行能力，讓我們能隨心所欲地朝任何方向飛。」

「很多種植物沒有花蜜，必須要靠蒼蠅幫助授粉，如果沒有我們，許多植物的生存將遭受危機，所以你千萬不要自暴自棄！」

「害蟲」、「病菌」……這一類字眼，完全是站在人類的角度所賦予的定義。當我們從人類個體提升到宇宙整體的觀點來思考，每一種生物或非生物都有其存在的功能與價值。

天地不會無緣無故造化出一種無用的東西，地球更不是為了提供給人類專用而存在。人類應該撇開自私的利益，去了解萬物萬有的存在意義，就會發現沒有任何生物屬於「害」，它們都是大自然活動的一部分，藉著萬物各種天生特長，扮演調和自然界的功能，產生一個穩態的生存環境。

人類社會百年來的文明科技，製造出撲殺各種「害蟲」、「病菌」的化學工具，自然平衡機制讓生命有進化能力，越殺牠們就變得越有防禦力，人類的不智手段，只會提升這些生物的抵抗能力。

我們接受各種文明教育的洗禮，卻怎麼想不通這麼簡單的邏輯，一再以偏差的思維方式來處理，這非但對人類無長遠利益，受到傷害肯定會是我們自己及後代子孫。

大自然是一個平衡的體系，即使不需要人類的介入，草木依然枝葉茂盛，萬物自相治理。大自然充滿奧祕，自有一套智慧的規律，我們不要再扮演上帝的角色，應該學習順應自然，並善待其他的生命體。

每一種存在：一粒沙、一朵花、一匹馬……都是神聖的，都值得我們尊敬，因為萬物都是大自然的作品，都有它存在的意義。宇宙一直在活動，地球沒有轉動特別快，太陽不會照耀得太明亮，不管有沒有獲得讚美，它們堅定轉動發光，各有不同而且通通都好，只要接受本來的模樣。

魚不用懂走路，鳥不必學游泳，狗不會想爬樹；老虎身上有紋路，獵豹背上有斑點，獅子脖子有鬃毛，誰也不需要模仿誰，從此變一個模樣，每種生物都擁有天生本能，樣樣特別都很精彩，包括人類也一樣。

許多家長擔心孩子輸在起跑點，每天忙著接送孩子上補習班，讓他們童年充滿壓力；從小學習樣樣爭輸贏，學校要比功課才藝，長大更要競爭名利，誰說所有的人都要一樣？

不用懷疑自己的天賦才能，選擇最適合的道路，誠實坦誠面對自己，如果覺得不對勁，千萬不必模仿別人，人生就是去探索生命和尋求真理，只有開啟心靈才能活出真實的自己。

平衡是大自然最微妙的力量，平衡不是把事情分成二元對立，它沒有分好壞或對錯，而是有時候會這樣，有時候會那樣，有時候不這樣，有時候也不那樣，這跟我們想的不一樣，就像有時候寒冷、有時候炎熱，有的地方晴天、有的地方雨天，誰也無法掌控。

動物的心中沒有成功與失敗，蜘蛛為了捕捉食物而結網，蜘蛛絲雖然堅韌，如果被風雨吹淋打落，牠們百折不撓還會重來。青蛙一次可以產很多卵，最後存活下來的卻只剩下幾顆，從孵化成蝌蚪到長大的過程中，也隨時可能被吃掉，每個階段都有不同的天敵威脅牠的生存，這之中沒有輸贏。

動物眼裡不曉得什麼叫公平，野狼只知道有時候抓得到羚羊，更多的時候是有一餐沒一餐。如果餓肚子沒飯吃，也不會生氣抱怨同夥的狼；如果住的地方沒有食物，或河水乾枯了，大象就搬到別的地方，尋找更合適的家園，也沒有怨天尤人。

螞蟻在遭受困難與挫折的時候，也懂得選擇堅持與適時放棄，如果螞蟻在尋找食物的過程中，發現此路不通，它們便會想盡一切辦法或繞道而行，直至將這些食物帶回巢穴為止。螞蟻為了團體的需要，可以日夜不分辛勤勞動，它們把分享當成了自己的義務，也會互相照顧關愛，甚至獻出自己的生命，從不患得患失，無私奉獻和捨己利他的精神，實在令我們為之汗顏！

大自然的道理真不少，四季交替物換星移，海水潮起潮落，天空沒有永遠灰暗，烏雲終會飄散，人類的感受會隨著心境而不同；何不向大自然的精神學習，放下慣性的思維模式，敞開心胸智慧與福氣跟著一起來！

死亡是生命的一環，花、草、樹木、動物活動一段時間後，物體將會歸於塵土，好讓其他生命體有生長空間。生物雖然都會歷經死亡，卻未完全的消失，只是變成另一種形式的存在。

每一個生命誕生的時候都赤裸裸，離開的時候也手空空，這一生的過程全是緣。每個人都會遇到親人過世，我們可以選擇不必哀傷，因為他們永遠活在我們的記憶中，除了懷念不要有遺憾，生命的圓滿在品質而非長度。

天地從來不知道什麼是完美，萬物不以自我為中心，人不要期望事事順心，無須祈求萬事如意，因為自然就是美。人和大自然的關係密不可分，人類也是大自然的一部分，不知道你有沒有注意到？

人類並不擁有大地，人類屬於大地，每個人都是天地之子，大自然本身就圓滿自足。風雨幫助大地修剪花木，動物協助植物散播種子，人對萬物的生存也很重要，大自然需要人類來守護地球，生命必須靠著彼此才能生存，我們要向萬有萬物學習平衡和諧的態度。

人來自大自然，心卻遠離大自然，使得很多天賦才能及生存智慧都退化了，大自然的特質一直存在人類的內心深處，大自然是一個大寶典，宇宙是一處大道場，讓我們效法天地的大智慧，我們的身心回歸大自然懷抱，重新接受天地的滋潤。

「如果必須靠破壞明天的富足來換取，今天的富足將毫無意義」

——提姆．傑克森（Tim Jackson，英國政府永續發展顧問）

某一天住在農舍的一隻老鼠，透過牆上的裂縫中看到農夫，和他的妻子打開一個盒子，老鼠心想它會裝著什麼食物呢？結果發現那是一個捕鼠器。

老鼠嚇一跳，跑往庭院發出警告：「房子裡有一個捕鼠器！」

雞咯咯叫著，腳在地上抓一抓，抬起頭說：「對不起，老鼠先生，我看得出這是一個與你有關的墳墓，但是它對我不重要，這沒有困擾到我。」

老鼠接著轉向豬說：「房子裡有一個捕鼠器！」「我很抱歉，老鼠先生。」豬同情地說：「但是我愛莫能助，請放心我會為您祈禱。」

老鼠又轉身向牛，牛說：「老鼠先生，你說一個捕鼠器？我很遺憾，但這與我無關，它動不了我一根汗毛的。」

後來老鼠垂頭喪氣的回到屋裡，很沮喪地獨自面對農夫的捕鼠器。

隔天晚上，「碰」一個聲音響徹整間農舍，像是捕鼠器捕捉到獵物的聲音，農夫的妻子於是匆忙地趕去看抓到了什麼。

在黑暗中，她沒有看到那是一條毒蛇，牠的尾巴被補鼠器夾住了，蛇回頭咬了農夫的妻子一下，農夫趕緊把她送到醫院。

她回家後仍然發著高燒，鄰居們跟農夫說：「新鮮雞湯可以用來治療發燒」，農夫就拿著刀走到庭院去取雞湯所需的材料。喝了雞湯之後，農夫的妻子仍然沒有好轉，因此朋友與鄰居們日以繼夜地待在她身邊照顧。

為了餵飽他們，農民屠宰了豬。農夫的妻子病情持續惡化，幾天後就過世了。許多人前來參加她的葬禮，農夫又屠宰了牛，款待了所有的親友。

老鼠從牆縫裡看著這一切事情的發生，心裡感到巨大的悲傷。

天地萬物生命本一體，牽一髮而動全身，大千世界的關係，生物之間的聯繫，遠遠超越人類的理解能力，看似一些無關緊要的改變，將可能會造成無法預期的後果。

人類現在好像變成地球的外來者，除了我們之外，所有的萬物都從大自然取得一切，並以不干擾大地的方式生活。動植物可以說是順應本能而活，順著天性做著該做的事，本來就無任何人為造作。

大自然從不要求回報，人類卻以萬物的主宰自居，整體社會價值觀已有所偏差，我們盲目地追逐經濟與便利，許多違反自然法則的作為，正在過度耗費與奪取大地資源。

人的需求與欲望越多，地球能源就消耗越大，進而破壞大自然平衡機制，災難一旦來臨我們也須一起承擔，地球生態失調後，溫度劇烈變化，風、水、旱災等危害，已嚴重破壞所有生物的生存環境，人類實在難辭其咎。

生命是共同體，也是一種共業結構，以業力來說，人類是一個共同單位，不再細分你我他；當負面的業力發生作用時，不問公平、不論對錯，而是隨機或全體承受一切後果。

世界上種種問題的根源都是「心」所造成，唯有讓更多人能夠覺醒起來，才能真正改變世界，提升心靈層次，將是人類最重要的一大課題。在生活中遵從大自然法則，人類就不會成為外來者，感恩天地間所有一切，生命就不會再有煎熬。

「我深信，自然之美在任何個人或社會的靈性成長過程中，佔有一個不可或缺的地位。我深信，當我們破壞自然界之美，或以人造之物取代大自然的特質，我們便阻礙了人類靈性的成長。」

——瑞秋．卡森（Rachel Louise Carson、生態學家）

二十、珍貴的禮物

「苦」的梵文（Dukkha）原始意義是指一種粗製的軸，任何輪子套上去就會失衡脫落，就像輪子在行駛中脫離了車軸，或是骨頭脫臼了一樣，一種「被拋離中心」的感覺。

佛陀用它來引喻世人很容易產生被拋離生命軸心的現象，這種苦並非單純的痛苦或不適，而是一種不滿足於當下的狀態。當苦產生的時候，似乎所有的事都不對勁，尤其是在事情不如人願時，人們最常採取的慣性反應。

有時候，先別急著排斥我們討厭的事物，我們認為的困境可能正是讓靈性成長的重要課程。人生遇到不喜歡的人事物，其實是內在的訊息吸引來豐富自己的生命，可是往往我們卻硬要把它推走。

為什麼同樣的處境每個人的認知都不盡相同，所謂「逆境」正是代表一個人在某個領域的智慧不足，難以應付面對的局面，因此當困難來臨時，人總是想逃避而感到痛苦。

讓人感到痛苦的這些逆境，都是讓我們修為提升的機會，當我們拒絕它的時候，等於也捨棄了智慧，可是那個匱乏的領域並沒有消失，當下次在遇到時還是要面對。

所以，為什麼會有很多人總在同樣的問題上陷入痛苦的輪迴，因為我們不願接受天地安排的訓練，很輕易的就舉雙手投降，生命得不到豐富，生活就無法圓滿。

每個人都可以從生活中重覆出現的難題和考驗中發現自己的人生課題，也可以從自己的天賦和熱情中實踐生命的價值。逆境是一份上天的禮物，是一種生命的轉折，它可以讓我們脫胎換骨。因此將來遭遇困難，無需害怕也不要抗拒，只要了解它的本質，就能安然度過這個轉捩點，迎向更美好的人生。

一個人一生成功與幸福的關鍵，多半取決於如何面對困難的態度。風箏需要逆風才能飛翔，逆境是讓靈性成長的養分，綜觀古今許多偉大人物，都承受過巨大挫折與考驗。

著名音樂家貝多芬，在他二十六歲起便受耳鳴折磨，當時經過藥物治療無效時，他只好與耳鳴共存，最後甚至變成全聾。他在喪失聽力之後一度十分沮喪，這對一個熱愛音樂的人聽覺出現障礙，是一個多麼沉重的打擊。

他終究沒有被命運所屈服，反而開始用心靈去作曲，注入更多對生命的熱情，因此產生了澎湃洶湧、震撼人心的樂章。貝多芬的作品帶給了世界無限的感動，後世也譽他為「樂聖」。

幼兒學走路，沒有不跌倒的，許多動物要脫殼蛻皮可才能成長。假如某件困難的事情發生了，我們要去想這就是一種訓練，就像學騎腳踏車的經驗，在還沒學會怎麼騎車之前，肯定會有摔倒撞傷的情況，但是我們不能因為害怕摔傷就中斷，還是要持續不斷地練習，直到突破了臨界點，我們的身心就會留下一個生命體驗，這一輩子永遠都不會忘記如何騎車。

相對的，假如我們放棄練習，下次再遇到需要騎腳踏車的時候，還是要重新來過，這就是輪迴的道理。烏雲的背後一定有陽光，苦難的裡面也有藏著寶藏，移除痛苦的表象，雖然像剝洋蔥的過程一樣，卻因此看清事物的真相，最後我們將會發現，逆境往往不是災難，而是我們生命中珍貴的禮物。

恐懼是面對逆境時的敵人，它會讓我們無法看清楚事情的本質，使人無法產生面對問題的勇氣，所以當一件超乎控制範圍的事件降臨，或突然面臨始料所未的危機，我們總是會產生「為什麼是我？」或「為什麼會這樣？」的直覺反應，而不是「我應該怎麼解決？」

恐懼總是伴隨著不安的情緒，帶來一種莫名的焦慮，在不知不覺中已經為自己創造受苦的心境，怎麼還有勇氣去面對問題？生命是一趟自我實現的旅程，我們覺得目前抵達的地方，不是當初計畫的目的地，確實會令人困惑；我們希望事情的進行方式，因為環境的變化必須捨棄，這些都與我們的期待完全不符。

然而，每個蛻變都有原因，你會走到這裡其中一定有道理，只有平靜才能正確解讀它所傳達的訊息。

我有健走的習慣，偶爾走在馬路上會碰到被車子壓到破殼的蝸牛，如果發現不是很嚴重的受創，便會將牠們移到草叢裡。但是，我並知道牠們還能不能存活下來，後來查了一下資料才知道，原來蝸牛一生下來就有殼，殼是由碳酸鈣、石灰質形成，隨著蝸牛慢慢長大呈螺旋形。

蝸牛的心、肺和所有重要器官都在這個殼裡面，要是殼破損了沒有傷到器官的要害，牠們自己就能把它修補好。在蝸牛身上，也能發現處事的智慧，我們可以學習蝸牛的精神，面對難題一步一步踏實的移動，不要心浮氣躁，而且要相信生命有自我修復的能力，無論是肉體或是精神體層面，天無絕人之路，生命總會自尋出路。

恐懼就像人身處在一個黑暗的房間，雖然會因看不清楚周遭的事物而感到害怕，可是只要將房間內的燈光打開，所有的事物就會一目了然，恐懼感就會消失的無影無蹤。

面對逆境我們首先要做的是「平靜」下來，人只有在靜的狀態之下，才能看清事物的真實樣貌；接著打開光明的開關——「勇氣」，解決方法自然出現。

我們不需要主要迎接逆境，但是當不喜歡的狀況造訪時，真的不用急著排斥它，面對它確實對我們助益良多。恐懼無法與勇氣同時存在，一個人經歷得起痛苦的煎熬，對生命反而多了一層新的體驗。

突破障礙能擊碎一個人的執著，目的是在提醒我們別活在「小我」的世界，心中時時要有別人的存在，人生的絕境是內心創造出來的假象，痛苦是自己編織出來的結網，生命裡這些看似過不去的險橋，都是成長蛻變的必備養分。

當我們洞悉真相，就會發現其實沒有人逼我們走入絕境；相反的，是我們過度在意情緒的感受，而讓恐懼有機可乘佔領了內心，看不見方向才會走投無路。迎向光明的過程等於在清理緊握不放的無明習性，一旦負面的障礙被清空，經過陰影力量的洗禮，智慧反而能夠成長。

每一隻毛毛蟲都有羽化成蝴蝶的本能，然而牠們都必須經過成蛹，到破繭而出的蛻變考驗。困境可以轉化人生，當我們選擇用正面的態度處理，不要再扮演受害者的角色，而讓困境發揮提升生命的功能。

「困境中總是隱藏著大好機會。」

——愛因斯坦

有一個年輕人覺得生活過得不順遂，經常去找好友訴苦，於是朋友就介紹了一間在遠方山林裡的道觀，表示裡面的住持是一位得道的高人，或許能為他解除疑惑。

年輕人千里迢迢上山，一見到道長便向其訴苦說：「我的生活很單純，在工作中從來不道人是非八卦，也不傳流言蜚語，但是不知道為什麼？總是有人誹謗我、惡意攻訐我，現在我實在已經受不了，想避開紅塵在山上清修，請大師您收留我！」

道長靜靜地聽他說完，微笑著說：「施主不必心急，請先隨我欣賞一下這山中的美景再做決定。」

道長拿了一個木桶跟一個葫蘆瓢，帶著年輕人走到寺院旁一條小溪，道長順手從溪邊的大樹上摘下一片葉子，並撿起一顆石頭，對著年輕人說：「施主不去惹是非，麻煩卻來找上你，就像我手中的樹葉及石頭。」

道長說著便將那葉子和石頭丟進空木桶中，然後指著桶子說：「如今施主慘遭誹謗、惡言詆毀，深陷塵世苦海，是否就如這葉子及石頭深陷桶底呢？」

這時年輕人大歎一口氣，點點頭說：「我就像桶底的這枚樹葉及石頭呀！」

道長接著將水桶放到溪邊的一塊岩石上，從溪裡舀起一瓢水說：「這是對施主的一句誹謗，企圖來打擊你。」說著就將那瓢水倒入桶中，樹葉在桶中晃來晃去，便慢慢浮在水面上。

道長又彎腰舀起一瓢水說：「這是世人對你的另一句惡語，還是要打沉你，請看這又會怎樣呢？」說著又倒下一瓢水到木桶，樹葉還是轉了又轉，最後仍然靜靜地漂浮在桶中的水面上。

年輕人看看桶裡的水，又看看停在水面上的那枚樹葉，開口說：「葉子絲毫無損，只是桶裡面的水多了，樹葉隨水位越高離桶口近了；然而石頭卻一動也不動沉在桶底。」

道長聽了之後，笑著點點頭，又舀起一瓢接一瓢的水淋到樹葉上，木桶中的水不知不覺就快滿了，這片樹葉快要浮出了桶面上，葉子像一支小舟，在水面上輕輕地蕩漾著。

道長說：「水是無法擊沉一片輕葉的，葉子滑過在它身上的一句句流言、一句句蜚語，葉子不僅未沉入水底，反而隨著誹謗和惡語的增加，而使自己漸漸浮升，逐漸地遠離了深淵，但是，石頭太沉重了，所以只能在停留在谷底。」

道長邊說又邊往桶裡倒水，然後望著樹葉歎口氣說：「眼前再有一些蜚語和誹謗就更妙了。」

年輕人聽了，百思不解地問到：「大師為何如此說呢？」

道長笑了一笑又舀起兩瓢水，桶水四溢把那片樹葉也溢了出來，然後就隨著溪水悠悠地漂流走了。

道長說：「輕葉不沉，經歷太多水的洗禮，讓葉子有機會跳出了窠臼，並讓這片綠葉方舟流向大河，迎向遠方的大海，使它的世界更遼闊了。」

年輕人恍然大悟，高興地對說：「大師，我明白了，一片葉子是永遠不會輕易就沉入水底的。如果把自我縮小不要執著，自然身輕如葉，千萬別讓自己的心有如沉重的石頭，那些流言蜚語、誹謗爭議，就能把遮住清淨心靈的汙染洗滌得更純淨了。」

道長欣慰地笑說：「你已經完成清修，可以下山回去了。」

蓮花出淤泥而不染，美麗的蓮花正需要汙泥的滋養才能茁壯，人只要保持一顆純淨的心靈，就沒有什麼難關過不了，天底下只有不能解決的心，沒有不能解決的問題。

「吃苦了苦、苦盡甘來；享福了福、福盡悲來。」

——古諺

從古希臘的文化看來，「受苦」是為人處世逾越了分寸的緣故，人會逾越分寸是因為誤以為自己是宇宙的中心，而大自然的本質卻是個體和整體相互涵藏。人的思維如果分寸未拿捏得宜就會失衡脫序，破壞和諧圓融的狀態；逾越分寸就會陷入虛幻的假相，看不清事物的本質，這是人類心智會自我設限的困境，也是大多數人處於痛苦的處境。

當我們失去了內在的分寸，如同走在一條崎嶇不平的路，障礙難關重重，看似上天刻意安排艱辛困苦來考驗我們，好像要把我們擊垮，要求我們徹底地臣服。

事實上，當你深入理解其中的意涵，就能體會這是一條苦厄受難之路，也是一條返璞歸真之路，而你來到了生命的轉折點，苦難正指引著你回歸原點——「靈性」。目的是請你割捨放下原本就不屬於本體的東西，去除一切的執著，顯露真實的本性。

痛苦就是我們來到隱藏版的十字路口，受苦可以讓我們停下腳步，讓我們省思那裡需要修正。假如具有這樣觀察反省的能力，便可激勵我們向上成長，強化我們的生命力，這樣的苦難就是有意義的。

但如果對困境沒有正面的見解，我們會怨天怨地一直怪罪別人，感覺這世界真不公平，起心動念都是負面的，用這種態度去處理問題，自然無法洞悉實相，會讓問題變得複雜難解，而且讓我們苦上加苦。

面臨轉捩點的情況常常是這樣，在這種時刻我們很容易會被自己的情緒所困住，不想面對的現實去跨越，將使我們向下沉淪。

老子說：「禍兮福所倚，福兮禍所伏。」意思是說禍與福互相依存，可以互相轉化。禍是造成福的前提，而福又含有禍的因素，好事可能藏著壞事，壞事也藏著好事。

幾年前有一則新聞報導：

英國有一位廚師，買彩券中了將近一千萬英鎊之後，就辭掉工作開始享受人生。他和妻子搬進百萬豪宅、購買名貴轎車，還聘請司機和園丁過著奢華的物質生活，接著覺得生活無趣便開始酗酒，導致妻子在中獎兩年後便跟他分居。

隨後又染上賭博惡習，還遇到朋友以投資名義騙了不少錢，結果在中獎五年後，因為酗酒導致心臟病發喪生。

過去他曾接受訪問時表示，中樂透彩毀了他的一生！家人也公布他的遺囑紀錄說：「中了樂透後我的生活沒了規範，所以我開始一直花錢，最後變得很無聊。」

他說：「我以前只在吃飯時喝點小酒，而且朋友很多，現在他們都離我遠去了，因為我不再相信任何人。我會勸大家不要買彩券。」

有時候，看似幸運裡面卻藏著厄運，而厄運也可能是一種契機。當一個人幸運之時，應該還要將福報轉化成智慧，而不是拿來製造障礙，把福報拿來利益自己的人，其實是在消耗福報。因此，福不可享盡，享盡就沒有福了；苦可受盡，受盡則沒有苦。

真正的福報就是你有智慧去發現，我本來就是豐富的，
並不是擁有一切才叫福報，而是沒有欠缺，
當你豐富了就是沒有欠缺；
你欠缺的東西越少，就是越有福之人。」

二十一、愛的光輝

曾經聽一位開悟的聖者說了這一段話：「天地大自然創造了生命體之後，它一定給這個生命體存活下去的各種本事，各種本能，這就叫做智慧；魚會游水，鳥會飛翔，這是天賦的能力，人類也不例外，這就是本來的智慧。」

「天地讓它創生的萬物，毫無欠缺的享用它周圍的物質。適合水中的生命，讓它誕生在水中；適合陸地的，讓它誕生在陸地，而且都有足夠的食物讓它存活。周圍的環境包括氣候、溫度都適合這個生命體，不論卵生、胎生都一樣，這就是福報。」

「智慧俱足，福報也俱足，這就是生命的本來狀態。真正的福報就是你有智慧去發現，我本來就是豐富的，並不是擁有一切才叫福報，而是沒有欠缺，當你豐富了就是沒有欠缺；你欠缺的東西越少，就是越有福之人。」

這就是天地之愛，每個人的本質並不缺乏任何東西，因此無須向外尋尋覓覓，只要認識內在原來就擁有的東西，就會發現幸福隨手可得，無論是物質還是精神領域，我們的本來狀態就是豐富的。在任何時刻你感到煩惱與不快樂，失去內心的滿足和安全感，這是因為你離開了生命本來的狀態。

生命是流動的，是一個無限的循環，每個問題都有其原因，無論是身體的疾病、內心的痛苦，這些無聲的訊息都是在傳達一件重要的事情，就是我們已經離開了生命本來的狀態。

天地從我們出生開始就一直在滋潤我們的身心，初生嬰兒只喝奶水就可以一夜大一吋，胎兒天生使用深層的丹田呼吸，他們擁有最佳的自癒能力，嬰兒的身心活動與成人有很大的差異。孩童的心順應自然，所以活在當下無憂無慮，孩童的心合乎天性，所以知足常樂無求少欲。

我們每個人一開始就在天地的守護之下，過著靈性般的生活，時時刻刻都連結通達宇宙的能量。一直到開始接受現代教育，一旦被塑造為科學邏輯，改變了思維模式，就像風箏斷了線，逐漸與大自然失去聯繫。

欲望讓人養成貪瞋癡的習性，負面思維汙染了自己，迎合社會集體價值觀，讓快樂與健康逐漸地遠離，大自然運用無聲的訊息，一再的提醒要留意，我們卻不以為意。

天地永遠不會放棄任何生命體，每一次的考驗都是一個轉機，一切的煩惱病痛都是訊息，上帝只營造了天堂，人類卻自掘了地獄，當你了解生命的一切都是恩典，也代表你已經覺醒。

「不要問愛能成就些什麼，色彩繽紛的世界就是答案。」

——魯米（Rumi，波斯詩人）

大自然是純然的愛，我們是大自然的一部分，人類基因的深處，存在著天地的訊息。從生命之初，我們就是愛的一部分，人人天生俱備慈悲與智慧，將這份愛自我們心中奪走的是現代教育，或者說是缺乏心靈教育。

現代社會將大自然視為原野的，原始就需要進行開發，野性就必須被馴化，這正是現代教育的態度。人對自然的崇敬，對大地的嚮往，對生命的愛，對美的感受，全然是天生的，可是以經濟成長為主的社會價值觀，讓人看見一座高山就想要開挖、遇見一片森林就會想要砍伐，我們已經忘記欣賞生命之美。

愛琴海島嶼上流傳著一則趣聞軼事：有一個美國商業鉅子到島上渡假，某天他出外閒逛，看到一個當地中年人坐在搖椅上，喝著葡萄酒邊看夕陽沉入海中。美國人注意到中年人身後的小山丘上有一片橄欖樹林，但顯然缺乏整理照料，橄欖掉落在地上到處都是。

他問中年人這些橄欖樹是誰的？中年人說：「是我的。」

美國人問：「滿地的橄欖你都不撿嗎？」

中年人答：「當我需要的時候就會去撿。」

美國人問：「難道你不知道嗎？若好好經營管理，那些掉落的橄欖絕對可以賣到很好的價格。現在全世界都在流行初榨橄欖油，再貴都有人願意掏錢買。」

中年人問：「我要那麼多錢做什麼？」

美國人答：「你可以開一家公司，請一堆人來替你做事呀！」

中年人問：「然後我要做什麼？」

美國人答：「當你有錢的時候，想要做什麼都可以」

中年人問：「這要花多久時間？」

美國人答：「大概十五到二十年吧！」

中年人問：「那之後呢？」

美國人答：「就像你現在坐在這裡，悠閒地喝著葡萄酒看日落，不是很棒嗎！」

人們一切問題的起源在於不明白真理，造成思想上的盲點，心迷思誤把追逐外在的成功，當成人生最重要的目標，追求的本身就是一條不歸路。生命本來就豐富圓滿俱足，當心不夠平靜、神不夠清明，就沒有洞悉世間真相的能力，心扉打開讓智慧之光展露出來，否則我們一直都在昏暗的世界打轉。

「那光是真光，照亮一切生在世上的人。」——聖經（約翰福音1:9）

愛是神性的本質，光是神性的元素；愛中有光，光中有愛，光是天地的精華。生命的本質就是愛與光，它是生命的根源，在孩子身上，這部分的天賜尚未被遮蔽。《聖經》上說：「光來到了世界，人們卻因自己的行為邪惡，不喜愛光，反喜愛黑暗。」大部分人追求的愛，其實是一種依賴，它的源頭來自內心空虛，孤獨所以要找個依靠；因此，失去自我迎合別人，擔心害怕而委曲求全。

恩典是愛的展現，愛是恩典的源頭，這種愛並非來自私的小情小愛，而是無私不求回報的大愛。

人必須要回歸真正的愛，生命的價值才能夠發揮，孤單寂寞就不會存在。一個人只要能夠用無私去愛別人，就等於是在愛自己，懂得付出的人就是心中有愛，內在富足不虞匱乏。

愛是宇宙本體的一種狀態，真正的愛不是由外物產生，它原本就存在內心深處。每個人都曾沉浸在愛的光輝下，我們並沒有失去它，只是心靈被遮蔽了，所以無法展現生命的本性。

試著往內去尋求生命中所有的答案，透過「靜心」的方式，連結深層的純粹意識，啟動內在世界的愛與光，這一股無所不在的能量，也是大自然生生不息的動能。

靜心可以淨化深層意識，當你能夠進入寂靜狀態，你自然會為身心的律動感到禮讚，在那一刻後將不再感到孤單；「微妙存在」就像母親般的溫柔呵護，讓生命處於寂靜的狀態，重新與天地合而為一，充盈在愛與光的能量。

宇宙循著自然的法則，花開、花落、花謝一切全是愛，愛不是掌控，而是孕育，愛是大自然賦予萬物最珍貴的恩典。人是大自然的一部分，我們的本體也含藏天地之愛，這種愛包含福報與智慧，有了智慧對事物就不再執著，生命會做出最適合的抉擇；如果每一個人都能夠按照自己的本然樣子來生活，那麼人人都能展現生命之美。

靈性是人類最尊貴的寶藏，我們試著以心靈去體會世間美的感覺：

自然的世界原本很豐富；

自然的生命原本很舒服；
自然的生活原本很知足。
如果你能夠體會，你除了感謝，還是感謝。

每一天都是一個新的開始，也是一個延續，站在新的起點，放下過去找回內在的平靜，但是這些都不需要你去學習和模仿，因為愛與光是宇宙最大的資產，是創造萬物的根源。

「在這一切之上，要加上愛，因為愛是聯繫一切德行的關鍵。」

——聖經（歌羅西書 3:14）

六十四歲的娜亞德（Diana Nyad）於二〇一三年在沒有防鯊籠的保護下，完成從古巴到美國佛羅里達一百八十公里長泳的世界紀錄。之後接受了歐普拉的電視節目的訪問，對自己以意志力挑戰年齡的壯舉，發表了一些感言。當娜亞德宣稱「我是無神論者」時，歐普拉問說：「但是你有敬畏感。」

她頓時覺得有些困惑，回答說：「我不曉得這中間有什麼衝突。我可以和最虔誠的基督徒、猶太教徒、佛教徒，以及各種宗教的信仰者一起站在海岸上，為宇宙之美與人性之真感動落淚；所有在我們之前存在過的億萬人類，都曾經愛過、受過傷也吃過苦，因此對我而言，神的定義是人性以及人性當中的愛。」

接下來歐普拉說：「那我不會說你是無神論者。如果你相信敬畏感、驚奇感及神祕感，我認為那就是相信神。」

「神」是什麼？是天地宇宙的微妙存在。

「愛」是什麼？是神性應化在萬有萬物的展現。

「愛就是一切，一切就是愛。」天地之愛包含一切的愛，一切都是大自然的一部分，天地的一份子，包括你的家人，你的朋友，你的同事，以及你的敵人……。

你活得好不好，關鍵就在於一件事，那就是你懂不懂愛，如果有愛自然會發現原來一切的人事物都是愛。

宇宙大愛之光可以長養生息，讓生命恢復本來的狀態，身心靈和諧健康快樂，幸福的生活其實不必遠求，順著大自然的韻律，學習以付出取代獲得的精神與天地相應，返璞歸真找回赤子之心，你會發現人間就是淨土，當下就在天堂，這就是一切的答案。

「生命最終極的答案不在科學進展和理性中；唯有愛的行動，在關切、付出和分享中，每個生命才得以完整，人類靈性的光芒才得以晶瑩綻放。」

——以馬內利（Sceur Emmanuelle，法國修女）

每天都是一個新的開始，也是一個延續，
站在新的起點，放下過去找回內在的平靜；
但是這些都不需要你去學習和模仿，
因為愛與光是宇宙最大的資產，
是創造萬物的根源。

二十二、認識守護神

人不是以單獨的個體存在世界上，宇宙萬物所有生命都是共同體，這個共同特別是精神的部分，這個共體由個體的「小神」集合成為「大神」。

大神有兩種：一種是光明的守護大神；一種是黑暗的破壞大神。

所有生命體的光明性總合體，稱為守護大神。我們每個人的神都是大神的一部分，當我們走入靈性的道路，就等於在生命的驅動軟體輸入光明的資訊，你跟天地大自然連結的時候，就相應了光明的守護大神，會得到大神的守護。

如果我們使用習性在生活，被欲望帶著走，平時一直在接收負面資訊，相應的就會是黑暗的破壞神。每次狀況來臨時，就沒辦法處理的圓滿，一再傷害別人也傷害自己，那該怎麼辨呢？

一個人只有開始進入心靈的領域，才有機會時時得到光明的大神守護。

雖然我們跟所有生命在精神上是共體的，這個部分仍有些層次上的分別；通常越親近的人，有機會共同生活相處的人，尤其是我們的家人影響力比較大，他們精神、思維的「場」對我們有強大的影響。我們一輩子主要就是跟這些人在互動，尤其是整個「家族意識」的場扮演影響一個人非常重要的力量。

所以，我們有機會讓認識的人、親近的人的身心得到安頓，靈性得到提升，一定要盡力去做，因為在生命本質上這是一體的。除了提升自己的心靈也要提升別人的心靈，人的心靈是互相連結影響的，整體光明的精神狀態就能夠產生守護的力量。

「天理之昭明靈覺，所謂良知也；自千古之前，以至萬代之後無有不同者。是良知也者，是所謂天下之大本也。」

——王陽明（明朝思想家）

人類內在有一種平衡機制，我們稱呼為「良知」。良知是指良心的知覺，所有的人與生俱來就有分辨善惡的能力，一種天賦的道德準則。俗語說：「白日不做虧心事，半夜敲門心不驚」，比喻行為沒有出差錯，心則無所畏懼，就是這個道理。良知是一種功能，在我們的生命體中存有一種自我審判機制，這是人類的心智跟動物最大不同之處。

這個機制如同一般汽車的超速警示器，超速的時候警鈴會響起，這就是為了要維持汽車行車安全的一種功能；又像是 24 小時居家保全系統，監控安全防盜防災，守護生命與財產的機制，它負責扮演決定我們人生邁向光明或者黑暗的世界。

一個人心生負面意念，做了違背良心的行為會產生罪惡感，於是內心開始不安並且自我譴責，形成一股負面能量汙染意識體，留下一種「破壞性印記」，在宗教上又稱為「罪」或「業」。

人縱使環境所逼，也不要去做違背良心的事情，我們做了神不知、鬼不覺的壞事，表面上是佔了一些便宜。事實上，我們的良知由不得你，它會自我譴責，所以有些人做了虧心事之後會做惡夢，因為他的意識體已經汙染了，然後良知不斷的譴責，整個意識體就形成一種負面的狀態。

人類不需要透過學習，內在本來就存有一把尺，違反倫理道德會埋下深深的隱患，從表面來說是違反天理，本直來說是違背自己的良心。就像有些人成功在望，好事已預期可得了，自己卻又親手把它毀掉；我們的心地長期譴責，所形成的負面意識狀態，會讓我們做出反向的決策——拒絕貴人，接引小人，這就是所謂的「破壞神」。

其實「破壞神」是一種逆向的守護力量，它以「道德律」為底限，有防止人心向下沉淪之功能。人的良知是一種防禦力量，使人遠離危害靈性的環境，避免失去正確人生方向。

當我們犯錯時，我們會感到自責或有罪惡感，正如我們在受傷時會感受到肉體上的疼痛。這是我們的良知對於罪或業的自然反應，目的在引導我們悔改，一個人能知錯悔改，破壞神才有機會轉為光明的守護神。

「如果我們忽略我們的良知而不悔改，我們的良知就會減損，如同被熱鐵烙慣了一般。」

——聖經（提摩太前書 4:2）

命運是什麼？人到底有沒有命運？心靈學家洪寬可老師指出：「命運就是人的一生」。生命是我們從出生到死亡的這一個過程，每一天、每一分、每一秒、每一天都處於變化的狀態，人的命運並不是固定的。

我們的一生是怎麼形成的？如果我們了解人一生是怎麼完成的，自然就能夠洞悉所謂命運的真相。事實上，主導我們一生的力量是我們的深層意識。

人類的深層意識含藏著過去、現在或未來，無限龐大的資料庫，就像是電腦的資料庫，而我們表層的意識只是人的一生當中所接收的知識，以及生活種種經驗的總合；它就像是電腦的驅動軟體，下指令讓我們執行動作，所以，決定我們思維與行為的源頭——深層意識的資料庫。

社會上有不少人學歷很高，知識非常豐富，做人處事道理都知道，可是偏偏就是做不到；幾乎所有人都了解，情緒管理很重要，但是當壓力、脾氣上來了，我們就是克制不住自己，明知道有些事物對健康不利，我們還是做之後再來後悔。

這代表我們所學的東西，只儲存在表層意識，這些知識的影響力非常有限，它被另外一種更大的力量給蓋過去了，所以我們才會拿自己沒辦法。我們深層意識巨大的力量，不但超越我們表層意識，還大到決定我們這一輩子的身心活動，例如呼吸、心跳、思想、行為等，就連晚上人會做夢的都是來自這一股內在的影響力。

一個人的思考模式如果都停留在負面的狀態，他的表層意識就會電腦的鍵盤一樣，敲出潛藏在深層意識中黑暗的資料庫。

換句話說，我們心中經常處於憂慮恐懼，內在就會喚起負面（陰性）能量，當一個人累積太多陰性的能量，達到臨界點的時候，就會顯現在我們的身心上，他的身體會充滿陰氣，同時思想也是黑暗的，這個時候就會呼叫出深層意識的「破壞神」。

這個時候，整個人生命的狀態就開始走下坡，當成功的機會來臨時，我們會選擇逃避，可是對我們會造成傷害的，卻無可避免地被選上，而且是無法抗拒的迎向它，可以說苦厄不斷。

這一些負面的活動在進行，當事人的表層意識並不知道，因為當時你的思想已經偏差走樣了。反過來，一個人的思維正面、光明樂觀，他會喚起的正面（陽性）的能量，這個時候就會呼叫出深層意識的「守護神」，遇到困難時往往會有貴人相助，或者能逢凶化吉。

人的一生就是依著生命資料庫——「意識體」，這樣的運作機制在活動。所以運氣不佳的人，不要埋怨命運不好，一定要從根本下手。

哪一個人不想成功？哪一個人不想成為孝順的子女？哪一個人不想成為仁慈的父母？哪一個人不想幸福？大家都想可是幾個人做得到呢？

由此可見，這絕對不是靠我們的表層意識就行了，千萬不要被這一些外來知識給蒙蔽住了，深層意識沒有經過靈性的轉化，根本不會聽我們使喚的。其實，不是命運困住了我們，而是被自己的思想所束縛，是我們內在錯誤的見解造成的。

全世界只有一樣東西能夠教化我們的心，就是天地的力量，如果想要得到天地的教化，我們必須能夠開啟「靈性」，回歸到最精緻的思維狀態。

心靈是人類最偉大的導師，心靈與宇宙天地相通，它無關任何宗教，我們接受它的教化就叫做「心靈教育」，這是每個人在有生之年，都必須完成的一種最精緻的教育。

二十三、懺悔與感恩

從一位大學教授的心靈體驗談起，芝加哥伊州大學的歷史系教授史蒂夫分享了一次刻骨銘心的體驗。

我在我在美國西南部長大，生長在一個保守的基督教家庭，非常虔誠總是去教堂，但是我長大以後，我開始排斥這些活動；到了二十歲，我開始尋找別的宗教，一直到了二十五歲，我放棄了這種追求，我覺得所有的宗教都很愚昧，我對宗教沒有任何個人的興趣，因為我教中世紀的歷史、宗教史、神祕主義等，學習宗教單純是為了學術上的研究。

一九八八年，當時我去英國倫敦開會和發表論文，但那時我有嚴重的哮喘病。有一天，倫敦天氣非常不好，新聞警告有呼吸系統疾病的人請別出門，但是身為遊客沒有收到這樣的訊息我便出門了。

結果我的哮喘病發作了，我感覺越來越糟、越來越糟，過了不久呼吸變得非常困難。後來旅館人員叫來了救護車，我被送到倫敦一間醫院，醫生說肺氣腫非常嚴重，整個肺都被粘液堵著不能呼吸，醫院馬上用了呼吸器，我就這樣昏迷了兩個星期，就在這段期間，我處在生死的臨界點，有了這次心靈體驗。

我的經歷從深層的瀕死狀態開始，類似一種「人生回顧」的經驗。我記得的第一件事，就是在一個地方，沒有任何形象特徵，都是一種藍灰的，也許是天，也許是地，但全都是一種顏色。

在我到的地方，我的旁邊，右手邊，出現一個有生命的東西，我從來沒有見到過，但我感到了這個生命體的存在。我經常感覺到他的存在，但我一眼也沒見到他，他讓人感到巨大而且有力量；他一直在我身邊，他很宏偉但是我無法看見他。

我經歷了這次人生回顧，這是我一生最受感動的體驗；如果我過去聽說這樣的現象，我會以為那是一種看電影的方式回顧一生，但其實完全不是這種方式。其實是重新經歷一生，就像當初經歷時一樣，不是在遠處看電影，而是重新到一生的場景中，再經歷一遍。

這個經歷中最重要的是我當初的情感，我當初的思想，還不僅是我重新經歷過去的一生，我還從三個角度同時體驗過去我的一生，就是當初我的情緒、我的思想、我的動機；同時我還體驗了那些與我有關的人當初的經歷，他們的感受，他們的情緒，他們的所思所想，這些使我非常震驚，體驗別人的感受使我非常震驚。

這個回顧不是一個連貫的一生，而是部分情節，我回到了過去，再一次體驗它，身歷其中感受每一件事。當我體驗到他人的感受時，我被震撼了，你知道在平時的生活中，有時有的人很難對付，他們對你不友善，讓你痛苦，你就會脫口而出地說些話，那些話很不友善，但是也是合理的，因為那是他們先挑起來的，他們自己招來的。所以，即使你說一些很不好的話，你覺得那沒什麼，因為他們活該。

但是，如果你能感受別人的感受，一切都變了，你能感受到他人的痛苦，你說的話，做的事給他人帶來的痛苦，那種痛苦是那樣的真實，感受到這些使我對人與人之間的關係有了一個全新的認識。除了體驗我的所思、所感，與我相關人的所思、所感，從另一個角度我還看到了一切事件的真實面貌、真實原因。

我所看到的是我的一種自我欺騙，我們的自我欺騙，我們為自己所做的一切找到正當的理由，我們滿不在乎的想做什麼就做什麼，真是為所欲為。我們為自己的行為編造正當的理由，對於我們不應該做的事，我們欺騙自己說沒有什麼錯。

所以，從一個更高的視角來看，我真看到我不是自己想像中的那個我，在那些人生歷程中，我的情緒很不好，我的動機很不好，我是那樣完全地生活在自我欺騙之中，我簡直覺得無地自容，感到一種極大的恥辱，覺得自己是個徹底失敗的人。

我記得那像是一場審判，那是我自己對自己一生的審判，我當時想，我失敗了，徹底失敗了，我不是那個我期望做的人。我自己想像中的人，認識到這一點真使我灰心喪氣，我覺得非常沮喪、窩囊。

這時在我旁邊的那個生命體，傳遞給我一些訊息，他告訴我：「不要緊，不要緊的，你只是人嘛！」我心想，只是人？哦，不，不，那不是我，我不只是一個渺小的人。

可是，那個生命一直安慰我，他傳達的訊息就是，我們為人很多行為是不行的，因為我們傷害他人，我們在欺騙自己，掩蓋錯誤。但是，我無需太自責，我們只是普通的人，做人就是這麼回事。

人會失敗，人犯錯誤，人自我欺騙，在這個層面上說，也不算錯，那是正常的。在一個更高的層面上看，那就不行了。我們能做得更好，總之，那個生命在安慰我，告訴我別難過，我只是普普通通的人，人就是這樣做，這一部分回顧就在這裡結束了。

下一部分回顧是關於我生長的家庭，我的母親、父親、兄弟姐妹和我。現在我能準確地理解每一個人，他們為什麼是展現那樣的行為特質，這種理解給了我極大的安慰。

過去我一直對父母很生氣，我覺得他們沒有盡到做父母的責任，直到那一刻我理解了，他們只是普通人，有缺點的普通人，帶著他們的局限，他們已盡了最大的努力，他們就像我剛剛看到的自己，我對他們的怨恨一下子煙消雲散。

這部分回顧後，我的那段不愉快的生活過去了，我不再生氣了，更重要的是，我理解家庭裡的每個人，我能接受他們了；我能理解他們是誰，從內心深處了解他們，我能接受他們，我指的是更深一層的了解，能從靈魂深處去了解。這樣，他們的行為就是可以理解的，可以接受的，這是關於我自己家庭的部分。

下一部分的回顧，就是我發現自己處在宇宙的中央，我不知道怎麼用語言形容。我在虛空中，在宇宙的中央，我的周圍是很多星星，很多銀河系，還有各種星雲，那是多維度的展現，非常真實的存在；我身處宇宙中央自由地漂浮著，那是一種令人眩目的美麗，完全的美麗，驚人的美麗。

更重要的是我感到了一種聯繫，有一種光直接聯繫著我和這個宇宙中的每一個物體，就像我們是一體；我們緊密相連，彼此相屬，那是非常令人感動的，和這整個宇宙聯繫在一起，和其中的每一個物體聯繫在一起，我是它的一部分，它是我的一部分。

有一種射線，我能看到感受到，那是一種聯繫，你能想像一束光束細細的激光，一種細細的光束，聯繫著你和星球，感到你屬於星球，星球也屬於你，宇宙的每一件物體都是這樣的。我能看到這些射線，像激光那樣的射線，聯繫著各種物體，有一種白色的，細細的白色的光線，聯繫著我和宇宙中的萬物！那令人驚艷的景象和我與它的聯繫，這是最讓人銘記不忘的。

再下一部分回顧是，我了解了這宇宙中萬事萬物的一切祕密。我理解一切事物，我理解它們為什麼是那樣的，一切都是那樣地合情合理，只是這種了解現在對我來說已經模糊了。它不是數學的，機械的知識，就是一種理解，對宇宙的感知。我了解了真理，遇到具體問題時，我還能想起一些當時的體悟，從中吸取智慧，我知道應該怎麼處理事情。

最後一部分，就是我看到了未來，是關於我的，特別是關於我的孩子。在那時我的兒子十五歲，女兒十歲，我能看到明晰的景象，以後他們生活中會發生什麼樣的事，他們會有一些困難，他們需要我，在那一刻我記得我決定回來，如果他們需要我，我應該為他們回去，就在那時，我回到了在醫院裡那癱瘓的身體。

這場人生回顧對我的影響難以形容，但是我理解了我們的人生充滿了意義。在我們的生活中出現了任何事情，都有意義，即使是很壞的事情，也深具意義，我們的人生意義就是學習和成長。

「有兩種東西，我們對它們的思考越是深沉和持久，它們所喚起的那種越來越大的驚奇和敬畏就會充溢我們的心靈，這就是繁星密佈的蒼穹和我心中的道德律。」

——康德（Immanuel Kant，德國哲學家）

當一個人的智慧還沒真正的開啟之前，都是以自我為中心的慣性思維，帶著偏見在過生活。尤其，人的「神」這個意識活動，如果經常處於昏暗的狀態，在不自覺中就會產生錯誤的念頭或行為；因為身心無法自主，在情緒或欲望的牽引下，很容易做出悔不當初的事情來。

不論我們現在幾歲，想想看過去一年或更早之前，曾經為了一些問題與親人、朋友或不認識的人，發生了一些不愉快的事情，過程中我們曾經用言語、行為去傷害過一些人。現在回想起來，實在是我們錯了，可是在當時我們看不到自己的錯誤，過去我們真的做過很多不對的事情，卻很難開口說出一句「對不起」。

一個人如果能覺悟到自己不論在待人或處事方面，竟然有那麼多的無知、自私，以及我執深藏在內心，造成別人一輩子的傷害及痛苦，當自己能夠親身感受，受到我們傷害的人感受時，我們真的會如同這位大學教授一樣，一股無地自容的羞愧感湧上心頭。

而且，我們不敢真誠地面對自己，就像我們會為自己的行為編造許多正當的理由，對於不應該做的事，我們欺騙自己說沒有什麼錯。人的過錯不是與生俱來，而是後天自身的行為、語言、想法所編織出來的網，這張網除了傷害別人，更會變成束縛自己最大的敵人，讓自己處於黑暗的深淵而不自知。

沒有人是完美的，在悟性還沒有覺醒之前，誰都可能會犯錯，可是關鍵在於如何去面對和處理錯誤。一般人犯了錯之後，都會選擇極力掩飾和逃避責任，或是極端的沮喪和自責，這些都是不明智的作法。

許多宗教的教義都明確指出「懺悔」是贖罪的關鍵，改變自己的起點要從懺悔開始；懺悔不是一種儀式，真正的懺悔，就是要承認過失，勇於承擔責任，不再犯同樣的錯誤。

懺悔二字，「懺者」，是懺除以前的行為、語言及起心動念所作不合法、不合理的事，決心要痛改前非。「悔者」，表示從今以後不再發生同樣的錯，無心所犯的是過，有心去做的是錯，無論是錯或過，都要悔改不二過。

任何人只要沒有經過心性的修練，生活中不是會傷害別人，就是老是受傷害。誠實坦然地回顧自己過去，真的可以發現到，由於過去我們不明白真理，養成根深蒂固的習性，錯誤的思維所造成的傷痛，我願意承認錯誤，同時我也願意改變這些偏差的觀念、行為，記取教訓不容許再犯，這就是真心的懺悔。

每一個人都做過蠢事，也曾經傷害過他人的心靈，或傷害他人身體，我們期望別人原諒自己；相對的，對於傷害過我們的人，這些人也只是凡人，我們是否也能夠以同理心來諒解他們。

千萬別讓自己的人生不時交替扮演著「加害者」和「受害者」的角色，有傷害的地方，就需要原諒，要不是原諒別人，就是原諒自己。

「這個世界架構在我們的思想，不是架構在外面的世界。」世界上所有的人事物，黑暗的跟光明的都同時存在，正面的跟負面的都是同時存在。所以問題不是在這個人事物，這些都是中性的，而是在人心，人心具足善惡；人性不是本善或本惡，善惡是並存的，因為善惡是人去分別出來的，所有的人都是善惡具足。

只要你一直接收負面的，你就會變成負面，你一直接收正面的，你就會變成正面，你所有對世界的看法，是你自己營造出來的！我們如何感受世界，世界就如何回應我們。

很多人會說：「我為什麼要去原諒那個人！」其實你原不原諒，跟對方沒有關係，因為那個人活在你的心中，你只是在拯救你自己。你的內在世界負面，對人事物的解讀就是負面，你去惡解事情，是我們自己受害，跟被你惡解的人無關。

寬恕是靈性的一項特質，寬恕是原諒一個人，不責備他的過錯。寬恕他人就是饒赦自己，可是寬恕不是要不要，而是能不能！原諒一種能力，更是一種智慧的展現。

有人曾經問西藏精神領袖達賴喇嘛，有什麼事情是你感到無法原諒的？

他說：「我想答案是，唯一我可能覺得不可原諒的事，應該是我發現自己無法去原諒。」

「所有人都記得自己做過什麼不討喜的事情。任誰都曾傷害他人情感，或實際傷害他人，乃至於更極端的有些人是殺了他人。問題在我們以為自己與別人是隔絕的

「你活在你的世界，我活在我的世界。這些分離與隔絕的想法，正是引發恐懼、懷疑和不信任的主因。」

寬恕是心靈平靜的基本要素，我們每個人都有光明面，也都有黑暗面，每一個人都有瑕疵必須修補，內在都有創傷需要療癒。人生就是在錯誤中得到成長，只要不再犯同樣的錯，並且有良好的察覺力來記取教訓，就可以步入正軌。

原諒不是說忘掉過去的一切，因為傷害在發生的當下，可能已經埋入記憶的深處，但如果能夠像這位大學教授體會到過去所受的傷痛，是思想的角度太過於狹隘所造成，理解生活中出現的每一件事情都有它正面的意義，療癒不是靠別人來安慰我們，當你俱備這樣的心境等於是完成了療癒。

英國哲學家培根有句名言：「如果你把快樂告訴一個朋友，你將得到兩個快樂；而如果你把痛苦向一個朋友傾吐，你將被分掉一半痛苦。」

人不是以單獨的個體活在世上，它是跟所有的生命體共同存在；人類最根本的天性是深層連結而非競爭，我們原本就在生命的關係中和萬物連結在一起。

試想今天吃的蔬菜、水果從哪裡來？是不是需要有農民下田耕種，靠太陽、土壤、水和生物的滋養，還要有人運送到市場，有人販售給我們，這中間經過了多少人的付出，以及大自然的協助，這樣的連結關係在現實生活中處處可見，由於太習以為常，我們往往會忽略它的重要性。

人類是群居動物，在很多層面上宇宙萬物更是彼此仰賴，沒有任何生物能自給自足獨自存活，但是我們看不出這一點，誤以為我們是個別獨立的，而生活在小我的領域；「我」只在意跟「我」有關的人事物，用狹隘的眼光看這世界。

對於生命的真相是什麼？達賴喇嘛回答說：「生命的真相就是上古神話中著名的因陀羅網。宇宙就像是一張巨大的網，上面交織著無數的線路，每一個連接點都是一顆鑽石。每一顆鑽石都有無數的面向，剛好能反射出所有其他鑽石的面貌——就像是無邊無際的鏡廳——每一顆鑽石之間都有難以言喻的交互關係。破壞了網的一部分，就會激起漣漪，不管有多微妙，最後都會衝擊到其他部分。」

這跟教授的心靈體驗所描述的宇宙現象是不是很類似！表面上每一個生命是獨立的一棵樹，在看不見的土壤裡面每個生命的根都是連結在一起的；所有的事件都互相關聯，沒有任何事情是獨立運作的。每個人就是大自然的一顆鑽石，我們發出的光向四方照射，同時也被來自四面八方的光照射著，這張天地之網構成世間各種因緣果。

科學最新的發現，也證實了所謂的「我」不是為了生存而競爭的獨立個體，地球上所有生物是以合作的動態關係存在著。量子物理學家現在意識到，所有物質以及非物質都包含在一個巨大的量子連結網路裡，彼此不斷傳導訊息與交互影響，生命深層的面貌不是獨立，不論只是一個次原子粒子或是一個成熟的生物都一樣，生命與生命，及萬物之間的關係一種不可分離、不可化約的連結，沒有一個東西能置身於宇宙的大網路之外。

世界上任何人無論多麼全能，也不可能自己種稻米，自己做衣服，同時自己又能蓋房子和製造車子。我們日常生活的食衣住行，都是由各行各業的人士貢獻出專業，分工合作才能互惠共享。

每一個人的天賦才能不同，在社會上扮演的角色也不同，但是在本質上大家都是平等的，一位清道夫、一位董事長，以及一位政府官員在生命本質上是一樣的；就像一間公司不能沒有基層員工，也不能沒有管理者，這當中只是職務與功能不同。

當你慢慢深入去了解這一切，我們就不會看輕別人，也不會看重自己，而是去欣賞每一個人的優點，也能接受他的缺點。在自然界也是如此，生物、植物和動物各有特色，形成一個平衡的生物鏈，在功能互補的關係基礎上建立起和諧秩序。

如果我們心中沒有其他人的存在，自我就變得毫無意義，大自然乃由萬有萬物組成，人是天地的一份子，你是大自然的一部分，你認識的和不認識的人也是大自然的一部分，當你意識到世界上每個人都是彼此連結的，你心裡會一種平和的感覺，而能夠體會眾生萬物平等，自然會由衷生起感恩之心。

古諺說：「魚知水恩，乃幸福之源也。」懷有一顆感恩的心，就是種下一顆幸福的種子，當我們對所有生命體表達感激時，內心陰霾就在瞬間一掃而空了。

生活中有太多值得感謝的事，活著本身就是一個恩典，健康的活著更是一種幸福，生活中所有的經歷，都可以是生命的禮物，感恩是一種處世哲學，一個人如果可以常常抱持著三種感恩之心，將是生命中最大的法寶。

感恩天地大自然

感恩身邊所有人

感恩周遭的事物

愛因斯坦說：「我每天提醒自己一百遍，我的生活，不管內在或是外在，都是以他人努力的成果為基礎，包括活著的和逝去者；所以我必須盡力奉獻自己，希望能以同等的貢獻，來回報長久以來從他人身上所獲得的一切。」

感恩就需要回饋，生命的價值不在享福，而是協助他人幸福，幸福並不會因為分享而減少。取之於社會，要用之於社會，不論是精神面或物質面，都可以與有人分享，如果你樂於付出，對別人的關心勝過對自己，你會生活的很快樂，因為快樂源於自己內在的充足，能夠奉獻是富足的展現。

世界上一個人的力量其實非常地渺小，哲人說：「一個人的力量是很難應付生活中無邊苦難的。所以，自己需要別人幫助，自己也要幫助別人。」靈性成長是一步接著一步的過程，其中面臨最大挑戰是自我為中心的人性特質。

人生要適時放下小我，學著不用自我的慣性想法，然後深度地思考，如何讓別人更好？如何讓整個社會更好？心有多大，世界就有多大，放下小我並不是失去自我，而是把這個「我」無限放大，讓其他的人也進得來。

一個人懂得從關心周遭的人開始，慢慢增加第二個人、三個人到所有的生命體，這時候的我就會越來越大，而原來的我就變得越來越小了，也越來越懂得隨順他人。

佛家說：「隨緣不變，不變隨緣；善緣惡緣，緣緣皆圓。」日常生活當中廣結善緣，隨緣而不攀緣，隨緣不是說不要努力，而是以豁達的心態去面對事物，不要勉強自己和別人，為達目的不擇手段，失去了平常心。所謂的「不變」是指不管世間如何的變化，都不離開原來光明的本性。

善惡之緣是依著個人喜好加以判斷及分別的結果，人生所有的一切，只是不同，沒有好壞。也就是說我們喜歡的緣、還是不喜歡的緣都要去圓滿它，把生活中的緣都盡量圓滿，真正的圓滿不需要任何人跟我們配合，因為圓滿不是外面的境界而是我們的心，有這個圓滿的心，我們做事都是盡力去做，雖然做完之後別人還是看到我們的瑕疵，我們仍然圓滿了。當心圓滿的時候，心中自然沒有遺憾，人生自然就會變成一個圓，那麼「圓滿人生」，大概就是這個境界了！

可是沒有經過修心養性的鍛鍊，這種境界是很難達成的，美國大學教授的這個心靈體驗其實是一種意識體的淨化，讓黑暗的靈魂轉化成光明的靈性，這就稱為「悟」。一個人需要在悟性醒來之後，才有能力正確的生活，不然我們都是像喝了酒一樣，茫茫然的過一生。

「心靈的淡定寧靜，才是幸福的真正源泉。」

——霍華德．金森（Howard Kinson，美國哲學博士）

二十四、回家之路

不是每個人都有機會像這位教授一樣，經由這樣的心靈體驗後開啟悟性，但是每個人都有覺悟的本能，一般人仍然可以透過身心的修練方式，從認識、理解達到更深層的開悟，找回深藏於內在的自然本性。

我們絕大部分的人都無照駕駛著生命之車，我們沉溺在起伏不定的欲望生活之中，如果我們認為做得不錯，出現了像是財富、地位、名望，以及愛情等外在的酬勞，總是令人開心一段時間，哪一天這些東西變調走樣了，我們也跟著不快樂。

目前雖然沒有遇到什麼難題，生活一切都還算順遂，也許我們有一份正當的職業、一份相互扶持的家庭、身體健康狀況正常，即便如此，我們的內在仍然有一種不踏實的感覺。

尤其，當我們一個人獨處的時候，就能感受到一股空虛寂寞，伴隨著隱約焦慮不安的力量，持續在內心深處浮動著。一個人如果只有經營外在的世界，諸如世間的財富、名望、地位等等，這樣的話等於只活了一半的人生，因為人來到世間還有一個內在的世界等待我們去耕耘。

「困境」正是天上掉下來的禮物，一個人生活過得很順利，根本不會有機會去認識深層的自己，社會上有些人完成理想的時候，竟然變得鬱鬱寡歡，人生正得意之時卻災難臨門，當人唯有陷入深陷谷底的時候，才會發現金錢、地位、權勢完全無用武之地。

生命中很多酸甜苦辣的歷程，都是要讓我們去認識生命的內涵，讓我們在繁忙的生活中重新理解人生，唯有喚醒內在的靈性，才能幫助我們清理慣性思維的束縛，從生命深處看清真實世界的本質，排除妨礙生活品質的障礙。

在人類的內在深處有一股心靈的力量，一直在默默地影響每個生命體，我們要讓這股力量成為生命的導航者，指引我們正確的人生方向；每個人心中都有安裝這個導航軟體，可是全世界認識它的人寥寥無幾，甚少人能夠讓靈性的力量展現，如今你已經認識它的存在，這一生一定要想辦法讓它，協助你的生命發光發熱，拾回人生的方向盤駛往幸福之路！

每一個生命都有屬於自己的路，要找到通往覺悟之路，我們必須先俱備一些基本的理念，並建立正確的態度，實際採取行動，將我們的想法在日常生活中付諸實踐。

覺醒是更深層的看清楚自己，認識到人除了身體之外，還有一個精神體，發現真的有一個心靈寶藏的存在。所謂開悟，就是轉化過去的習性，啟用靈性系統來生活，開悟這兩個字聽起來很超凡入聖，讓人覺得高深莫測。然而，開悟不過是一種自然本性的展現，也是與「微妙存在」重新連結共鳴的狀態。

心靈教育的本質，基本上就是從「小我」提升到「大我」，進而昇華為「無我」的過程，而開悟就在你的名字和形象之外，找回真實的本性，恢復生命本來狀態。

覺醒到開悟之間是一趟回家的路程，一趟不斷還原生命本來狀態的旅程，人生就是一趟旅行，每個人旅行的方式不同，回家的路也不一樣，每個人都需要透過覺醒與開悟回到生命最初的家——「心靈」。

米開朗基羅（Michelangelo）於一五零四年完成了聞名的大理石雕刻藝術，作品名為大衛（David），當朋友問他雕鑿出栩栩如生的雕像祕訣時，他說：「大衛本來就在這塊大理石之內，我只是將不屬於大衛的石塊鑿掉罷了！」心靈教育的目的不是為生命添加東西，而是將生命的原來就不需要的東西放下，心靈與生俱來就存在我們的內心，我們只不過是將遮蔽靈性的包袱捨棄而已。

心靈就是大自然，我們知道自己屬於大自然的一部分，我們願意與自然合為一體，這是一段從「小我」到「無我」的旅程，也就是古人所說的修行，「修行」只是個名詞，是將習性轉換成靈性的代名詞。

修行不是要你去信仰某一門宗教，也不需成為任何文化的戒律教條。我們不需要放下世間的一切，跑去深山閉關潛修，而是改變過去那種心不在焉的忙碌塵世生活，修行的目的是要提升生活品質，修行不能離開生活。

「覺醒」總是需要一個起步，要怎麼做才能喚醒真實的靈性本質？首先要認知到人類的生命體，除了身體之外，還有精神體的存在，而且這個精神體是生命的驅動程式，這座生命的資料庫隱藏著無數的寶藏，但是我們一輩子都在尋找外頭的鑽石，忘記自己出生之時就隨身攜帶寶藏，卻像個流浪漢一般過著匱乏的精神生活。

如果你完全認同也接受這樣的理念，就算是已經進入覺醒的階段了，就像你承認自己一直以來都是無照在駕駛生命之車；過去技藝不高，人卻很膽大，經常橫衝直撞傷害到別人，也讓自己受傷，如今你終於願意去駕訓班練習開車，取得駕照後重新上路，你真的願意開始學習用靈性來生活了，這時候的你就已經覺醒了。

但這個階段還不是「開悟」，你目前只是知道要學習開車，但是仍然還不會開車，接下來的步驟是，請一位領有駕照且已經會開車的「教練」來指導你，提供你方法教導你如何開車，當你能夠領悟開車訣竅的時候就等於取得駕照，算是開悟了，這個過程要多久？

「師父領進門，修行在個人」，每個人條件狀況都不一樣，因此沒有辦法比較，精進的話有的人數年，有的人幾十年，也有人一輩子也學不會，更多人是中途而廢。開悟這件事情就像燒開水，九十九度跟一百度只差一度，但是沒有到臨界點，水就沒辦法煮開。但有一點是肯定的，就是它的投資報酬率超過世界上任何事物，這件事如果你弄通了，一通百通世間幾乎沒有事情可以難倒你。

一個人在覺醒之後，如果沒有找一位走過這條路的教練來引導你，只是靠著自我摸索，那會很難取得駕照，也容易發生危險。更重要的是，開悟不是終點而是起點，一個人在悟性開啟之前都只是暖身運動，開悟後才是修行的開始；就如同取得駕照後要實際上路，把過去學習到的正確駕駛行為，落入在生活中實踐。

許多人對開悟懷有一份浪漫的遐想，認為開悟的人是完美的聖者，他們一定有不平凡的相貌，身上會閃閃發光，如果真的是這樣的話，那誰敢想像自己能開悟？

修行是修正思維與行為，不是追求完美，佛陀說：「人人都有佛性，個個可以成佛。」覺悟後的人不是變成一尊佛，讓人供養上香禮拜。靈性即是佛性，是道性也是神性，開悟是將習性系統改成佛性，只是拿到駕駛生命之車的執照，確定可以安全上路而已，假設未來開車不遵守交通規則仍然會發生意外。

人們很容易就落入外求的陷阱，從物質的擁有到精神上追求，這種慣性思維生活中比比皆是，連修行這件事一不小心也會掉入這個洞裡面。人就是天生期待完美，完美不存在於真實的世界，當人遇到困境的時候，問題超過能力所及的時候，我們會希望有一個無所不能的力量，能夠直接將困難拿掉，神明就是這樣被創造出來的，宗教到後來才會變成只是精神上的寄託。

從前有人請教一位禪師：「請問禪師，您有這麼高的修為，這麼好的悟性，可否將您的證悟，與大家分享一下？」

禪師回答：「喔！我開悟的體驗是這樣的，我終於發現，我的眼睛、鼻子原來是長在我的臉上。」

大家聽到這個回答一定覺得很奇怪，本來我們就知道眼睛和鼻子是長在我們的臉上，難道會長在其他地方嗎？

禪師這句話代表兩種涵義，一是開悟後看的世界的方式，不再像過去一樣，只依賴感官知覺，這時候的心智模式已經不同了；其次是在告訴我們，開悟是一件平常的事情，悟性開啟以後才能以正確的方式生活。

開悟這件事無法透過語言表達，也沒辦法用文字形容，只能心領神會。譬如一顆新品種的水果，感覺很香甜，這個美好的滋味，只有吃過的人才知道，沒有吃過的人還是不能體會，即使說破了嘴，也沒辦法表達其內涵。

況且開悟只是修行的開始，人一輩子都是在錯誤中成長，過去許多聖者開悟之後都會大笑，這時候的笑不是在笑別人，而是笑自己過去怎麼那麼的無明！

我們常說：「活到老，學到老。」開悟只是開始使用靈性來生活的起點，覺悟後的生活才是心靈教育的開始，清楚人生的方向以後該如何走，那才是最重要的事情。當我們回到了從過去一直以來都在尋找的寧靜之家——本性，才能真正了解生命存在的意義與價值。

「真理並不是心智或文字可以掌握住，只有當心智變成穩定，那時你就可以獲得它了。」

——古儒吉大師（Guruji，印度開悟聖者）

我們的心就像一畝田，心靈教育就好比是一種耕耘，心田人人都有，可是很少人願意去耕耘。大部分的人喜歡耕耘物質，不曉得如何耕耘精神，也不喜歡發時間在靈性的領域。

現代人最大的敵人是健康和煩惱，從我們接受教育開始，一直著重在經營物質的訓練，物質的成就無法解決健康和煩惱所帶來的難題，唯有從事心靈之耕，才能避免一切的痛苦。

精神的領域一定要經營，如果我們不去耕耘，它不會自己長出果實，而且當一個人不去理會這塊田的時候，它會雜草叢生。我們的意識體就像一部全時攝影機，全天候都在接收訊息，無論好的壞的，如不加以篩選，它就照單全收，這些訊息就變成妄念，這些雜草代表妄念。這些妄念太多就變成欲望，隨時影響我們的思想與行為，牽引著我們的身心，讓人做出一些負面的行為。

當一個人心不平、不滿的時候，代表這座田坑坑洞洞，地崎嶇不平無法耕種。如果這塊土地既不平又雜草叢生，我們就看不清楚生命真實的樣貌，人生就會因此迷航，只好跟隨著社會價值觀走。

人生所有的問題都要往內尋找解答，心靈是一座肥沃豐饒的土地，當你用心去照料灌溉它，它自然會生長出豐盛的果實；相對的，你任其荒廢，處處雜亂蕪穢，那麼你將無法獲得身心的平靜和諧。

為了讓生命發揮極致，成為一個幸福快樂的人，我們必須起步去耕耘這座心田。沒有人天生就是農夫，從事靈性之耕並非一蹴可幾，因為我們有思想的盲點無法突破，帶著心性的問題尋求解答，也為了要領悟人生的意義，才會走入心靈之旅。

如果我們還用過去既有的理念來自我摸索，往往會誤解了修行的真實義，如同拿著錯誤的地圖在尋寶。反而會以修行的表象，來包裝內在的障礙，這樣是掩飾壓抑問題，在逃避正常生活。

我自己曾經就是這樣子，把修行變成信仰，當成精神寄託，過著一種執著不踏實的生活，多年來自以為練就了一身本事，可是當面對狀況來臨時，卻是不堪一擊！

修行不是追求完美，不是把外面的世界變成我們希望的樣貌，期望修行後凡事順利，萬事如意，這怎麼可能？逆境是人生不可避免的必經過程，也是智慧增長的動力之一；修行更不是把問題交給全能的神，將神視為強大保護者，過度依賴的神人永遠不會成長。

靈性修持之目的是在獲得解脫，透過探尋真理、求道的過程，洞悉事物的本質，從生命的根本下手改變心性，回歸自然，返璞歸真，活出全新的「我」。也就是說，把自己內在的世界修成一片祥和的狀態，就算外面狂風暴雨，我們內在依然是風和日麗。

「我們對真理所能表示的最大崇拜，就是要腳踏實地地去履行它。」

——愛默生（Ralph Waldo Emerson，美國思想家）

若一個人能夠不以貌取人、不道人是非、不說人長短，
屏除心中的雜念，
自然能洗淨身上的汙垢，
其實，尊重萬物就是珍愛自己，
欣賞別人就是莊嚴自己。

二十五、集體場域

每個人都有不同的天賦本能，但是沒有經過鍛鍊的話，永遠無法發揮其作用。如同人類天生具有語言的能力，一旦缺乏學習及練習的對象，就無法開口說出流利的話，即使我們俱備這項潛能。

假設有一對夫妻都是台灣人，移民到美國之後生了小孩，可是父母從小就只跟這個孩子用英語互動，他的周遭環境也沒有人會講中文，即便中文是這個小孩的母語，因為沒有講中文的學習環境，他一輩子永遠也不會說中文。

心靈是生命的本體，使用靈性來生活是所有人共同的本能，也是人類最重要的天賦。很多人學了英語十年還不能開口，為什麼？因為沒有一個說英文的環境可以持續練習。所以，要開啟心靈這個系統，也是需要一位已經用靈性生活的老師指導，以及學習環境讓我們練習。

小我沒有辦法提升小我，走在靈性的道路上不能獨來獨往，一定要跟整個集體心靈場域連結，我們需要一個靈性場域，回到那本來就應該歸屬的源頭。

一個人還沒有覺醒之前，帶著欲望依靠著習性過生活。此時此刻，假設你的智慧等級是C級，那麼能夠使用的力量，解決問題的能力就是C級，C級的你怎麼超越自己變成B或A級，將自己提升到更高的層次？

一個人無法用習性將自己脫離習性，這是不可能的事情，這時候需要靠另外一個力量來幫助自己，當你的內心能夠接受這個集體場域的時候，這個心靈意識的「場」就會帶著你超越，等到你更深入與它建立起關係，那麼你是直接連結天地意識的「場」，就是啟用心靈寶藏，開悟轉換靈性系統了。

不要以自我為中心，要從小我升級到大我，小我無法提升小我，要讓大我來同化小我，讓大我來提升小我，這是一個關鍵處，宇宙萬物的活動都決定在大我，這個世界上小我的力量是非常微不足道的。

集體場域的力量可以從雁鳥的遷徙行為得到驗證，每年的秋天雁群遷徙前往南方過冬，沿途以「人」字隊形飛行時的壯觀景象，野雁每年要飛行好幾萬英哩，平均一天就可以飛越好幾百英哩的距離，真是大自然一大奇觀。

雁群的目標與方向一致，領頭的雁鳥要承擔很大的風阻，牠拍動翅膀時會帶動氣流，讓後面的雁群飛行減少風阻力，整體節省體力，讓飛行更輕鬆。領頭雁疲勞的時候雁群會自動互相替換，當每一隻雁鳥展翅拍打時，其他的雁鳥立刻跟進，群體力量整個提升起來。

如果其中一隻野雁落隊時，會立刻感到獨自飛行時遲緩、拖拉與吃力，所以很快又回到隊形中，繼續利用前一隻鳥所造成的浮力；同時集體遷徙，也可以分散被天敵攻擊的危險。一群擁有相同目標的人同行，能更快速、更容易地到達目的地，因為彼此之間能互相照應。

當你的思維接通到另一種迴路就是不一樣。舉一個例子來說，屋子裡面的插座用電是連接屋外的電線箱，室外的電線箱連接著變電所，變電所的電力來自於發電廠，房子裡面的電力就像小我，發電廠電力如同大我，兩者之間的能量相差很大。

身心上的修練一定要將思維的迴路接通到大我，而且是接通靈性的系統不是習性的系統，我們享受的資源就會不一樣。所以在進入心靈的領域，首先要尋求一位已經開啟悟性的人來引導，就像要去登一座高山，必須請一位已經登過這座山的人來當嚮導，因為他熟悉山裡的各種狀況，如果只靠自己的摸索是會迷路，很容易發生危險。

許多人會跟著經典、書籍自修，這個部分要稍微留意！因為經典是開悟者在不同時代背景、社會文化之下，向求道者宣說的道理；經典就如同是地圖指南，地圖是幾千或幾百年前出版的，它適合當時的登山者使用，一座高山的路況經過久遠年代是會改變的。

因此，修行最好不要自己去研讀經典，這樣會誤解經典的真實涵義，而且很多經典是文言文，有些是經過轉述及翻譯的，甚至部分經典已經被神格化。信仰跟修行是不一樣的，信仰是精神上的寄託，所以可以見到經典被拿來禮拜或者當作護身符。但是修行是要解脫，必須下真功夫，讓身心上有實質的改變提升。

如果要真修實練就需要找一個靈性領域的專家，接受他的帶領及指導，才容易達到目的地。另外還要有一個互動練習的環境，加入一個集體心靈場域協助你提升，一群人互助合作登山跟單獨一個人登山的力量是差別相當大的。

自古以來，沒有任何一個人能夠單獨完成個人的靈性成就的。企業家比爾・蓋茲也說：「一個人永遠不要靠自己，一個人花百分之一百的力量，而要靠一百個人花每個人百分之一的力量。」不只是形而上的修行，社會法則也是一樣的道理。

靈性的集體場域是凝聚一群有相同意願的人，發心想要提升光明本性的人集合在一起，這是一件不簡單的事。每個人內在都有一盞心燈，在還沒修行以前這盞燈，昏暗的時間總是比較長，一個人只有一燭光，如果有一萬個人聚集起來是不是就有一萬燭光，我們只要拿出自己的一燭光，加入這個集體場域，就可以共享一萬燭光所帶來的效益，這就是集體共修的奧祕。

古人說：「寧在大廟睡覺，不在小廟辦道。」比喻集體共修要比單獨自修適宜。人有好逸怠惰的習性，自修會志得意滿，缺乏精進向上的力量，而且沒有導師指引很容易造成修行的障礙，共修可以互相砥礪、警惕自己，所以不易半途而廢。

從前有一個居士，隱居在深山中自認頗有道行。某一天，山上來了一位老和尚，看見他一個人在靜坐，就問：「您在此修行多久了？」

居士回答：「我在此已經修三十年了！這三十年來，我未曾生起任何瞋心，我的煩惱已經斷盡了」。

老和尚聽了笑一笑，二話不說隨手在地上撿了一片破瓦礫，突然往他的額頭猛力敲了下去；在沒有防備的情形之下，這個居士被砸得頭破血流，憤怒而破口大罵。

然而，畢竟三十年的修為沒有白費，他馬上察覺到自己瞋念未滅而心生慚愧，於是當場作了一段偈語：「三十年來無明火，包覆至今未冒煙；試破屋前一片瓦，頓時燒紅半邊天！」

由此可知，自修容易自我封閉，共修可以作為對方的一面鏡子，時時提醒互相觀照，以免自以為是，而失去檢討改進的機會。

從精神層面而言，個人的能量是非常極小有限的，如果有一個機會，結合多人共同修行，以相同的理念、同樣的目標、共同的方法，就會形成一個光明的意識能量場，其中只要任何有一個人開啟靈性系統，就會使得全體跟著受益，並幫助其他人提升。

這當中如果多數人處於開悟狀態，集體心靈的力量產生共鳴，會使得每一個人都得到整體的全部力量，一百個人參加，每一個人都可能得到一百個人的力量；一千人參加，每一個人也可能得到一千個人的力量，這股巨大正向的能量能夠造福社會，當它達到臨界點是可以守護地球，甚至改變整個世界。

生命是一個共同體，我們跟所有的有緣人是共用一個生命資料庫——意識體。如果這些人能夠進入光明的集體場域，讓天地微妙造化他們的生命體，恢復到生命本來的狀態，他們的身心提升改變了，我們自己的身心才會重現光明，因此有機會我們要盡全力，讓這些有緣人也能夠回到大自然的懷抱。

提升生命能的下手處就在神性，讓我們的「神」這個意識體得到淨化的唯一途徑，就是耕耘自己的心靈，開啟靈性系統，同時幫助別人心靈成長，這是人生最有意義的事。天地、大自然的微妙存在即是心靈，它是人類最尊貴的寶藏，也是宇宙萬物偉大的導師，每個人內在都有這位導師的存在。

人之所以平凡並非生而平凡，而是遺忘了自己的本來真面目，回歸原始讓心靈來教化讓我們，恢復生命本來的狀態，成為一個心靈生活家，跳脫負面的慣性思維，以正面的思維過生活，當一個人內在的靈性覺悟之後，智慧自然能夠展現，此時自己會去打開通往無限可能的大門。

所有靈性教材都來自相同的源頭，經過不同的語言編譯之後，變成了一些文字上的組合，這些是引領你通往心靈之旅的路標，它只是在提醒你去開啟自己的智慧，並不能幫助你直接開啟悟性。

閱讀雖然只是認識心靈的初探，但畢竟仍是重要的一步，你一旦開始採取行動，未來肯定與跟目前有所不同。人的內在涵藏無限的寶藏，朝向生命的深層走進去，當我們決心悟道，試著將腦袋裡的知識放下，真理的探尋就在生活的哲學中。

用嬰兒般的心去感受生命的每一個律動，在人際互動的經驗中獲得領悟；用清新的腦去接收天地傳遞的每個訊息，一切永恆的力量都在寂靜中默默運行，大自然中處處都可以發現奇蹟。

我們要有能力適應平衡與和諧，每當遇到難題時，請把握一個原則，回到生命的本質——「愛」與「靜」，生活的事件猶如浪花起伏，別讓它遮蔽你的本性。透過靜心去相應「微妙存在」，回到屬於心靈的家，它能幫助你正確的生活，解脫壓力束縛重獲自由，於是你便能體會幸福的安寧感受，並擁有一個圓滿無悔的人生。

「當你發現美好的事物時所要做的第一件事，就是把它分享給任何你遇見的人。這樣，美好的事物才能在這個世界自由地散播開來。」

——佛瑞斯特．卡特（Forrest Carter，作家）

二十六、後記

「修行」要認識到集體因緣，而不是只關心在意自己，一個人心中沒有所愛的人，人生就沒有目標，沒有動力，當危急發生的時候，馬上就迴向到負面，失去生存的意志。如果心中有菩提，能夠為眾人而活的時候，就會有一股精神力支持，要為別人而活；這也是為什麼聖經、道經、佛經都講慈悲、講大愛，它不是沒有道理的。

「人」不是以單獨的個體活在世上，它是跟所有的生命體共同存在；所以，如果我們心中沒有其他生命體的存在，個體的存在是沒有意義的。如果我們只認知自己的存在，它會成為非常單薄的一株小草、小花，一陣風雨過後，它就滅掉了。

當我們的心是跟所有的生命體同時存在，它就像在一座森林裡一樣，縱使狂風暴雨，你還是安然無恙，因為你在一個集體當中。有一句話說：「林中之樹，不扶自直。」森林中的樹木，不需要人將它扶正，它自然長得很直，這就叫做「集體因緣」。

因此，我們要讓自己成為森林中的一員，集體裡的一個份子，而不是我執世界裡的一個「我」而已。天下所有的生命體就像森林一樣，我們的心中有所有生命體的存在，我們就會像森林中的樹木一樣，不需要施肥、灌溉，不需要照顧，因為它本來就有一個生態環境，自然長得很直。

一個人能夠在集體因緣裡面，跟所有的生命體共體的時候，很多的事情，你不需要經過學習，自然而會；不需要經過辛苦的階段，自然能通達，「不學而會，不學自通」，這就是天地的力量，生命的微妙，也是生命的本能。

但是，現在外界的環境，都設定了一個人為的標準，形成一個社會集體思維。如果我們受到這個社會集體思維所牽引，就會把自己限定在一個框框裡，離開了本來的思維狀態，自絕於森林之外，這時候，我們面對外來狂風暴雨的力量就薄弱了，我們的身心禁不起任何外來的變動——憂慮、煩惱、痛苦就是這樣生出來的。

生命的本來狀態沒有這些人為的標準，這並不是說我們不需要遵守人為的標準，佛陀在世的時候，也要制定規矩、戒律來規範他的僧團，我們活在世上，必須遵守人為所規範的這些法律，但重點是，不可以讓它綁住我們的思維，為它所牽掛。所以，修行是很務實的，就是讓我們的身心恢復到本來的狀態，像森林中的一棵樹一樣，自然而然的接受天地力量的造化而成長。

來自大自然的原古智慧傳承，有一個集體的因緣在這裡，透過這個集體因緣，我們可以得到天地的訊息，進入天地的靈場，得到「微妙存在」的造化。

集體因緣就像是天地、大自然間的一個「天地靈場」，我們所聽的道理、所修的方法，就像是來自天地靈場中的「天地訊息」，只要有緣進入這個集體因緣，就有機會進入天地靈場中，接受天地大自然的微妙造化，讓我們已經遠離大自然的身心，再重新回到大自然的懷抱裡。

當一個人的身心再度回歸到大自然的懷抱時，就是「汙染的意識」已經轉化為「清淨的意識」，也就是靈魂已經轉化成靈性了，這就稱為「悟」。然後，就很自然的會進入「開悟後起修」的境界，開始真正的修行，去莊嚴周遭的人、事、物，以成就我們的靈性。

原古之道，師法自然，感召有緣，傳承天地。

——洪寬可（原古心靈教室創辦人）

參考資料

商業周刊：第九六八期。
科學人雜誌：第一四六期。
宮本武藏：五輪書，先覺出版社。
洪寬可：法與緣，原古心靈文化。
洪寬可：成就僧寶，原古心靈文化。
肯．羅賓森：讓天賦自由，天下文化。
溝口耕兒：發現更棒的自己，方智出版社。
琳恩．麥塔格特：念力的祕密2，橡實文化。
湯姆．布朗：追蹤師1松林少年的追尋，野人出版社。
洪寬可書房：http://www.hkk.com.tw
DNA到蛋白質的過程：http://web2.tmu.edu.tw/m110093011/DNA2protein.htm

國家圖書館出版品預行編目資料

自然心藥：幸福人生的心靈處方／陳瑋作－－初
版. －－ 新北市：華志文化, 2014. 12
面；　公分. －－（全方位心理叢書；05）
ISBN　978-986-5636-01-2（平裝）

1. 修身 2. 生活指導

192.1　　　　103021306

華志文化事業有限公司
系列／全方位心理叢書 005
書名／自然心藥：幸福人生的心靈處方

作　　者 陳瑋
執行編輯 林雅婷
美術編輯 簡郁庭
封面設計 王志強
文字校對 陳麗鳳
企劃執行 康敏才
總 編 輯 黃志中
社　　長 楊凱翔
出 版 者 華志文化事業有限公司
電子信箱 huachihbook@yahoo.com.tw
地　　址 116台北市文山區興隆路四段九十六巷三弄六號四樓
電　　話 02-22341779
印製排版 辰皓國際出版製作有限公司

總 經 銷 商 旭昇圖書有限公司
地　　址 235新北市中和區中山路二段三五二號二樓
電　　話 02-22451480
傳　　真 02-22451479
郵政劃撥 戶名：旭昇圖書有限公司（帳號：12935041）

出版日期 西元二〇一四年十二月初版第一刷
售　　價 二四〇元

華志文化

華志文化